도서출판 대장간은
쇠를 달구어 연장을 만들듯이
생각을 다듬어 기독교 가치관을
바르게 세우는 곳입니다.

대장간이란 이름에는
사라져가는 복음의 능력을 되살리고,
낡은 것을 새롭게 풀무질하며, 잘못된 것을
바로 세우겠다는 의지가 담겨져 있습니다.

www.daejanggan.org

진 애드워드의
가정교회 팡세

진 에드워드

박 인 천 옮김

Used and translated by the permission of Gene Edwards
Korean Edition Copyright©2020 Daejanggan Publisher. in Nonsan, South Korea.

진 에드워드의
가정교회 팡세

지은이	진 에드워드 Gene Edwards
옮긴이	박 인 천
초판	2020년 3월 12일
펴낸이	배용하
책임편집	배용하
등록	제364-2008-000013호
펴낸곳	도서출판 대장간
	www.daejanggan.org
등록한곳	충남 논산시 매죽헌로 1176번길 8-54, 101호
대표전화	전화 041-742-1424 전송 0303-0959-1424
분류	교회	가정교회	기독교
ISBN	978-89-7071-510-0 03230
CIP제어번호	CIP2020008947

 값 12,000원

이 책은『세 왕 이야기』,『신의 열애』,『이야기 사도행전』,
『유기적 성경공부』의 저자이며 평생 유기적인 교회, 가정교회 운동에
헌신해온 진 에드워드의 가정교회 관련 단편(4권)들을
저자의 허락을 받아 한 권으로 묶은 것입니다.

가정교회, 어떻게 시작할까

차 례

가정교회, 왜 실패할까? 그리고 우리는 무엇을 해야하나

가정교회, 목사직을 포기하다.

가정교회 지도자들에게 보내는 공개편지

가정교회, 어떻게 시작할까

제1부

· · · · · · · · · · · · · · · ·

가정교회, 그 첫걸음!

가정교회, 어떻게 시작할까

·················

지금 여러분의 그룹엔 몇 명이 함께 하는가?

그 모임이 1세기 스타일의 교회로 발돋움하기를 진지하게 바라고 있는가? 여러분도 가정교회, 혹은 가정교회 운동에 대해 들어본 적이 있을 것이다. 그리고 여러분의 그룹도 가정교회가 되기를 원할지도 모른다. 하지만 어떻게? 어쩌면 시간이 흐르면서 여러분이 속한 모임이 흐지부지 소멸될지도 모른다. 여러분도 그 사실을 염려하고 있을 것이다. 대부분의 소모임이 그렇게 시작되었다가 그렇게 소멸하고 만다. 여러분은 그렇게 되기를 원치 않을 것이다.

그렇다면 어떻게 그 첫걸음을 떼어야 할까?

나는 그동안 여러 방식으로 시작되는 가정교회들을 많이 목격해 왔다. 현실적인 몇 가지 방법들이 있지만 그중에서도 가장 최선의 방식을 소개해보려 한다.

모임

·················

주말모임으로 시작하는 것이 한 가지 방법이다. 가정교회 출신의 강사를 섭외하길 강력히 추천한다. 어떤 사람을 말하는 것인가? 여러분이 속한 모임이 어떤 가정교회가 될지는 여러분이 초청한 그 강사에 의해 결정될 수도 있다. 규율을 강조하는 교회를 원하는가? 아니면 은사가 풍성한 교회? 모임 안에서 여성의 역할과 기능을 보장하는 교회? 여성의 침묵을 덕으로 여기는 교회? 장로를 교회 전면에 배치하는 교회? 아니면 …?

많은 선택이 있을 수 있다.

도움은 모임 밖에서 온다. 여러분은 선택할 수 있다. 무엇보다 교회생활을 충분히 경험한 사람을 모임 강사로 초청하길 간곡히 권한다. 이론가는 곤란하다. 그 사람이 속한 교회가 현재 아름답게 세워져가고 있는 그런 사람을 강사로 초청하라.

모임을 어떻게 알릴까

....

주말모임을 지역사회에 어떻게 알릴 수 있을까? 대도시일 경우, 가정교회의 일원이 되고 싶어 하는 사람이나, 주일오전, 교회건물에 잠깐 다녀오는 것이 정말 그리스도인의 삶인지를 심각하게 고민하는 사람들이 있다. 하지만 결코 많지는 않을 것이다. 이들에게 주말모임을 알릴 수 있는 좋은 방법이 있을까? 초청장(안내문)을 자동차 유리에 끼워두는 방법도 있고, 지역의 기독교방송(라디오)에 그 모임을 알릴 수도 있다. 대형마트나 기독교서점 등에 초청장을 게시하는 방법도 좋다. 지역신문에 광고하는 방법도 있다. 창조적인 모든 방법들이 가능하다. 폭넓게 알릴수록 좋다. 가정교회관련서적을 주문하여 알고 지내는 그리스도인들에게 나눠주는 방법도 있다. 그다음, 약 30명-1백 명의 사람들이 강사와 함께 모일 수 있는 장소를 찾아야 한다. 모임 후에 가정모임에 참석할 약 10명-20명 정도의 사람들이 남게 될 것이다.

의사결정

....

모임을 준비하면서 큰 문제를 만날 수 있다. 함께하는 사람들 모두가 이런 일에 생소하므로 의사결정에 어려움을 겪게 될 것이다. 실제로 어떤 결론도 도출하지 못할 수도 있다! 훌륭한 결론을 이끌어 내기 위해선 모임 밖의 누군가가 여러분을 돕는 것이 필요하다. 백지에서 시작한다면 더더욱! (지금껏 평신도석에만 앉아있지 않았는가! 즉 다른 사람들이 의사결정을 해왔기에 주체적으로 모임을 이끌어 나가는 것에 서툴 수밖에 없다.)

외부 강사의 도움으로 그 첫 모임을 시작하는 것에 동의할 수 없다면? 모임 밖의 도움을 받는 것에 부담을 느낀다면?

그땐 참으로 딱한 결과로 이어질 수 있다.

처음 시작이 중요하다

....

처음엔 다양한 의견들로 어수선할 수 있다! 여러 가지 의견, 신학, 철학, 전략, 계획, 그리고 말도 안 되는 생각이나 정치적인 의견들로 서로 부딪칠 것이다. 사람들 속엔 은근히 모임의 리더가 되고 싶은 동기가 있다. (당신은 어떤가!)

모두가 동의하는 결론에 이를 수 있을까? 여러분의 모임이 한 교회로서 첫발을 내딛을 수 있을까?

그리스도의 몸을 이룬다는 것 …그것은 가벼운 일이 아니다. 바울도 그의 평생에 단 13곳에 교회를 심었을 뿐이다! 3층천(셋째 하늘)까지 다녀온 그 사람이!

목사

....

여러분에게 가장 중요한 결정이 남아있다.

1. 그 모임에 속한 한 사람을 따로 구별할 것인가? 즉 기존 교회의 목사와 같은 사람, 여러분의 영적인 필요를 상시적으로 채워줄 한 사람을 그 모임 안에 둘 것인가?
2. 아니면 1세기교회처럼, 모든 사람들이 서로의 영적인 필요를

채워가는 그런 모임으로 시작할 것인가?

3. 모임 밖에서 이따금 여러분을 방문하며 모임을 도울 한 사람과 동역할 의지가 있는가? 즉, 바울처럼, 가끔 여러분의 모임을 방문하며 여러분이 다시 그리스도와 하나님 아버지의 영원한 목적에 집중하도록 도울 사람, 그리고 여러분 전체가 한 몸으로 기능하는 그 지점까지 여러분을 안내할 한 사람과 동역할 마음이 있는가?

이러한 결정들이 여러분의 모임에 중요한 토대를 형성할 것이다.

결정된 리더십?

··················

주말모임 강사를 정하는데 있어 중요한 영향을 미칠 또 다른 요인이 있다. 여러분 안에 이미 정해진 리더가 있는가? 이 질문에 대한 답은 여러분의 모임이 교회로 출발하는데 있어 실제로 결정적인 요인이 아닐 수 없다. 여러분 안에 일시적인 리더가 아닌, 향후 지속적으로 그 모임의 리더가 될 사람이 존재하는가? 상황이 그렇다면 여러분을 도우러 방문할 사람을 구하는데 어려움을 겪게 될 것이다. 보통 가정교회의 리더십으로 지정된 그 사람은 **외부의 도움을 좋아하지** 않는다. 더욱이 한 사람을 가정모임의 붙박이리더로 세우는 일은 외부사역자의 사역범주에 들지 않는다. 그 이유가 전부만은 아니다. 그것은 가정교회의 유기적인 기능에 정면으로 역행한다. 만약 여러분 안에 고정불변의 리더가 정해졌다면 차라리 그가 그리스도께 사로 잡힌 사람, 다가올 많은 위기들을 다룰 수 있는 사람, 제 멋대로 모임을 이끌지 않는 사람이길 기도할 수밖에 없다. 무엇보다도, 그가 자신의 정체성을 위해 교회를 세우려는 그런 사람이 아니기를!!

물론, 이전에 가정교회생활을 경험한 사람이라면 (교회 생활에 대하여 읽어본 것이 아니라, 실제로 교회생활에 몸담았던!) 여러분에게 많은 도움이 될 것이다. 그가 전에 속했던 그 가정교회에서 좋은 평판을 가졌던 사람이라면 더욱 더! (하지만 그런 사람은 극히 드물다.)

가정교회는 미숙한 지도자나 이론가, 몽상가 … 인생에서 뭔가 의미를 찾으려는 사람들의 실험장소가 될 수 없다. 그렇다면 어떻게 그런 사람들을 분별할 수 있을까? 여기에 도움이 될 훌륭한 질문이 있다(경험에 의한!!). : 그의 가정교회가 실패한다면, 내년쯤 그가 어떤 일을 하고 있을까!!

한 곳의 가정교회가 실패하면 또 다른 가정교회로 옮겨 다니는 사람이 있다. 여전히 "리더십"의 자리를 고집하며, 상처받은 그리스도인들을 뒤로한 채!

하지만 생명을 걸고 교회변혁에 나선 사람도 있다. 승리도 거두고 때론 실패도 하면서!

다른 한편, 여러분 안에 지정된 리더가 없다면, 여러분은 외부의 도움을 받을 아주 좋은 조건을 가지고 있다. 이 점을 염두에 두라.

성경중심? 아니면 그리스도 중심?

....

여러분은 성경중심적인 사람의 도움을 받고 싶은가? 그가 "성경 말씀에 이르기를 …"이라는 말을 반복적으로 외치며 여러분을 성경에 통달한 사람으로, 그리고 그 말씀에 따라 살아가도록 이끌기를 원하는가? 아니면, 그리스도 중심적인 사람이 그분을 알아가는 자리로 여러분을 안내했으면 좋겠는가? 그 차이? 전자를 택할 경우, 지금으로부터 3년 후, 여러분은 여전히 성경속의 진리를 찾으며 여전히 여러분의 삶을 변화시킬 가장 위대한 성경말씀을 연구하고 있을 것이다. 후자를 택할 경우, 지금으로부터 3년 후, 여러분은 그리스도를 알게 될 것이다. 그리고 성경이 무엇인지도 알게 될 것이다!

성경중심적인 사람이 되면 여러분은 성경에 대해 알게 될 것이다. 하지만 **그리스도를 실제적으로 아는 지점**엔 이르지 못할 것이다. 왜 그럴까? 그리스도를 아는 것은 성경을 연구한다고 해서 자동적으로 뒤따르는 지식이 아니기 때문이다. 여러분에게 성경을 주는 사람은 성경을 잘 알고 있는 사람이다. 여러분에게 그리스도를 주는 사람은 그리스도를 잘 알고 있는 사람이다. 그리고 그는 성경도 잘 알고 있다.

성경에 접근하는 방식

....

성경에 접근하는 방식은 지난 1800년 동안 단 한 가지만 존재해왔다. 아니, 실제로는 두 가지 방식이었다고 말할 수 있다. 어떤 방식을 취하느냐에 따라 그 사람의 삶이 바뀐다. 하나는 평면적이고 일차원적이다. 다른 하나는 입체적이고 3차원적이다.

첫 번째 방식은 현재 신약성경에 배열된 그 순서대로 바울의 편지를 읽어나가는 것이다. 그런데 바울의 편지들은 그 순서가 연대순에서 벗어나 뒤죽박죽 배열되어 있다. 시간, 날자, 장소에 대한 언급도 없다. 결국 시간의 흐름에 따라 사건들이 연결되지도 않는다! 그렇게 주어진 성경은 이곳에서 한 구절, 저곳에서 한 구절, 필요한 구절을 뽑아 쓰기에 좋다. 그리고 그렇게 선택된 구절들을 다시 한 줄로 엮으면 그것은 아주 훌륭한 교리가 된다. 그렇게 지금까지 무수한 교리들이 창조되었다. 그 방법을 조금 더 설명하면 이렇다. : 열 네 편의 서신들을 낱개로 놓는다. 그다음, 연대, 문맥과 전혀 상관없이 이 구절을 저 구절에 빗대거나 저 구절로 이 구절을 해석한다. (이를테면 갈라디아서의 말씀으로 요한 1서를 설명하는 방식의…!!) 갈라디아서의 말씀과 요한 1서 사이엔 무려 30년 이상의 시차가 존재하는데도 말이다. 이 두 편의 편지에서 뽑아낸 구절들은 완전히 다른 사람에 의해, 완전히 다른 환경에서 작성된 말씀이지만 전혀 아랑곳하지 않는다! 점잖게 표현해도, 이런 식의 성경접근은 위험천만한 방식이 아닐 수 없다. 성경 속 사건의 배경, 환경, 시대, 날자, 그리고 장소 등은 결코 무시할 수 없는 요소들이다! 그것들을 고려하지 않는 것은 사람들로 하여금 하나님의 말씀을 오해하게 만든다.

이와는 다르게 성경을 입체적으로 접근하는 방식이 있다. 이 방식은 바울의 서신들을 그것이 기록된 1세기의 정치사회적 맥락과 배경 가운데 두고 그것들이 기록된 원래의 순서와 연대순으로 읽어나가는 것이다.

도움이 필요한가?

....

근사한 모임 같은데도 그 안에 생기를 잃은 가정교회에 참석해본 경험이 있는가? 무표정한 얼굴로 걸어 들어와 조용히 자리를 채우는 활기 잃은 모임! 대체 왜 모였는지 알 수 없는 분위기! 간신히 부르는 몇 곡의 찬양들과 마지못해 주고받는 나눔들. 선명한 목표의식, 기쁨, 어떤 기대치를 찾아볼 수 없는 모임. 그냥 따분한!

만약 이런 모임이 한 **장로(간사)**에 의해 이끌리고 있다면, 더구나 이 장로가 내면적인 신앙에 민감하지 않고 성경공부, 성경해석, 성경말씀에 강조점을 두는 사람이라면 …게다가 그 그룹이 벌써 10년 이상 그로부터 성경말씀을 듣고 있다면 …그 모임이 생기를 잃은 것은 이미 오래되었을 것이고 여러분은 단번에 그 사실을 알아차릴 것이다.

그런데 이것이 바로 현재 **대부분** 가정교회들의 모습이다.

상상력, 창조성, 다양성은 그 모임 안에 싹이 트기도 전에 이미 죽었다!

그저 흔하되 흔한 가정모임을 시작하는 것? 이것이 여러분이 원하는 바인가?!

이 모임을 이끄는 사람이 누구든, 내가 그에게 주고 싶은 직함은 성경선생이다. 몇 년 안 있어 여러분은 다 써버린 비누처럼 바닥을 드러낼 것이고 이루 말할 수 없는 문제들 앞에 서게 될 것이다.

1세기 교회는 지역교회에 속하지 않은 일꾼과 동역하고 있었다. 지역교회와 그 외부사역자 사이의 유대감이 자연스럽고도 폭넓게 형성되어 있었다. 지역교회에 속하지 않은 이 하나님의 일꾼들(디모데, 에바브라, 가이우스 등)은 이미 교회생활을 경험했던 사역자들이었다.

여러분은 이렇게 말하는 사람을 만난 적이 있을 것이다. : "우리에겐 어떤 지도자도 필요치 않습니다. 하나님이 직접 우리를 이끄실 겁니다." 만약 여러분이 이런 철학을 좇는다면 여러분이 속한 그 작은 모임은 불과 얼마 지나지 않아 붕괴를 경험할 것이다!

내가 권면하고 싶은 것은 교회에 대한 바울의 접근방식이다. : 즉, 지역교회에 속하지 않은 순회사역자가 이따금씩 모임을 방문해 에클레시아의 기능을 발휘하도록 돕는 한편, 당면한 문제해결을 실제적으로, 그리고 영적으로 돕는 방식!

사활이 걸린 몇 가지 문제들

....

여기 훌륭한 출발을 위한 몇 가지 비결이 있다. 여러분이 다음과 같은 일들을 할 수 있겠는가?

1. 적지 않은 분량의 책을 찾아 읽을 수 있겠는가? 여러분이 읽어 야 할 십여 권의 가정교회 관련 팸플릿과 서적들이 있다. 그것 들을 찾아 읽으라. 가능한 그 모든 것을 읽으라. 여러분의 모 임에 속한 모든 사람들이! 책상 앞에서 쓴 철학자의 책이 아니 라 실제로 교회생활을 **경험**한 사람이 기록한 그 책을 찾아 읽 으라.

2. 여러분이 속한 그룹 전체가 다른 가정교회를 방문하는 것에 동 의할 수 있는가? 그들과 주말을 함께 보내라. 그들이 모이는 모 습을 지켜보라. 그리고 질문하라. 모임 안에서 자매들의 활동 은 어떠한가?

3. 여러분의 모임에 참여하기 위해 멀리서 방문하는 강사의 항공 료를 지불할 의향이 있는가? (그 비행기 항공권 문제로 여러분 의 모임이 붕괴될 수도 있다.)

나는 가정교회로 새롭게 출발하려는 그리스도인 그룹들이 주말 모임에 강사들을 초빙했던 이야기를 들은 적이 있다. 그런데 그곳에 초청된 강사들은 오가는 항공료와 머무는 숙박비용 및 모든 식사비용을 스스로 해결해야 했다. 그들을 초청했던 그룹들은 컨퍼런스와 같은 모임들이 "지극히 종교적인 일"이기에 자신들이 그 비용을 부담할 필요가 없다고 생각하고 있었다. 내가 충고할 말이 있다. : "여러분의 텐트를 접으시라. 여러분은 지극히 종교적인 분들이어서 이 속된 세상 가운데 그리스도의 몸으로 살기 어려울 것 같다."

직항노선의 비용이 25달러 더 비싸기 때문에 10시간이나 더 걸리는 다른 노선으로 강사를 돌려보낸 그룹도 있었다. 단지 25달러를 아끼기 위해서!

그런가 하면 이렇게 말하는 그룹도 있었다. : "모임에 온 강사가 그 모임에서 비용을 모금하는 방법도 있지 않을까요?!"

사랑하는 여러분. 만약 여러분의 주말모임에 초청된 강사의 오가는 항공료와 숙박비, 그리고 편의비용을 여러분이 기꺼이 제공할 마음이 있고 또 여러분의 모임이 그렇게 하는 것에 합의했다면 생각보다 훨씬 더 여러분의 모임은 가정교회로 출발할 준비가 되었음을 확신해도 좋다!

매우 단순한 사안이지만 이와 같은 일들을 잘 준비하라. 그러면 여러분의 모임이 살아남아 성장할 특별한 기회를 맞게 될 것이다.

나라면 이렇게 시작할 것이다

·················

　내겐 벌써 40년이 지난 일들이지만 …만약 내가 지금 서른 살이고, 교회회복을 진지하게 고민하는 약 열다섯-스무 명의 사람들과 만나고 있다면 어떻게 할 것인지 곰곰이 생각해본다. 새롭게 출발하기 위해 난 무엇을 할 것인가? 같은 고민을 하고 있는 서른 살의 누군가를 위해 여기 40년간의 내 경험을 나눈다!

이상적인 출발

·················

　내가 이 책을 쓰기 시작할 즈음, 그동안 자신들이 추구하던 가정교회를 꿈꾸며 굉장한 일들을 준비해나가고 있는 한 그룹이 있었다. 그들은 자신들의 주말모임을 위해 거의 1년을 준비해오고 있었다. 그들은 완전히 독특한 일들을 계획하며 그 1년 동안의 하루하루를 모두가 충분히 즐기고 있었다.

　그들은 시편과 찬송가를 대여섯 가지 다른 방법으로 노래 부르는 연습을 하고 있다. 자신들이 어떤 방식으로 모일지에 대해서도 진지하게 고민을 나누고 있다. 예를 들면, 한곡의 찬양이 끝나고 그 다음 찬양이 시작될 때까지, 아니면 친교시간에서 기도시간으로 넘어가는 그 사이 2-3분간의 침묵! 그것이 모임에서 얼마나 힘든 시간인지 여러분은 알 것이다. 그들은 그 시간을 어떻게 효과적으로 제거할지 실제로 연습하고 있다. 이들은 매우 진지하다. 모두가 모였을 경우, 어느 시점에서 예배를 시작해야 할지, 그렇게 시작된 모임을 언제 끝내야 할지, 본능적으로 그들은 그 "때"를 알고 있다. 모임에서 이뤄지는 각각의 순서가 끝날 때마다 그들은 그 사실을 알린다. 그리고 모임에서 발생할 여러 돌발적인 상황들, 이를테면 한 사람이 모임을 주도하려고 할 때, 산만한 사람으로 인해 모임이 방해받을 때, 반복적으로 흐름을 끊는 사람이 있을 때, 그 문제를 어떻게 처리해 나갈지를 공개적으로 논의하고 있다.

그들은 그 모든 일들을 주도적으로 해내고 있다. 무엇보다 아주 즐겁게 그 일들을 하고 있다.

여러분은 이 모든 일들이 실제로 어떻게 이뤄지는지 배우고 싶은가? 진 에드워드의 **가정교회** 블로그를 방문하라. 적잖은 도움이 될 것이다. 모임을 새로 시작하는 것에 대한 부담도 훨씬 줄어들 것이다.

이 책의 2부에서는 가정교회라는 배가 출발하는데 있어 그 최전선에 있는 사람들, 특별히 사역자들에 대해 다룰 것이다. 물론, 가정교회의 일원이 되고자 하는 모든 사람들이 읽을 필요가 있다.

제2부

·················

교회의 시작, 그 엄중한 책임!

단 하나의 모험에 우리 믿음의 전부가 드러나다

. . . .

짧은 기간, 하나님의 백성들과 함께 일한 후에 감히 그들을 하나님의 손에 남겨두고 그곳을 떠나는 것은 사역자들에게 가장 위대한 도전이 될 것이다. : 그럼에도 불구하고 바울은 중단 없이 그 도전을 지속해나갔다. 여러분은 성령의 능력을 믿는 분들이다. 성경의 가르침, 치유, 기적, 성령세례, 예언 등에 대해서도 믿는다. 그 모든 믿음과 실천들을 이 한 가지 시험대위에 두라. : "여러분이 떠난 뒤, 여러분의 사역과 여러분 없이도 그 모든 일들이 여전히 수행될 수 있으며 그렇게 할 만큼 하나님의 백성들이 준비되었는가?" 이것이야말로 여러분이 믿는 모든 것과 여러분이 할 수 있는 모든 것을 시험대에 올려놓는 일이다.

리더인 여러분은 교회를 그 스스로에게 위임하고 떠나는 이 성경의 전통이 매우 두려울지도 모른다. 이 "성경적"인 교회개척 방식은 수많은 것들에 영향을 미친다. 아무런 도움 없이 연약한 교회를 남겨두고 떠난다는 것은 실제로 상상하기 힘들다. 하지만 그것에 대한 우리 안의 이 저항감 자체가 사실은 성직자 중심의 사고방식에 젖어있기 때문이다. 평신도가 이끄는 교회를 수용하는 것엔 고통이 따른다. 그것이 여러분의 믿음을 가늠하는 척도가 될 것이다. 여러분은 자기 중심의 사역을 꿈꾸는 사역자인가, 아니면 평신도 중심의 사역을 꿈꾸는 사람인가?

이 지구 위에 어떤 교회가 일어나는 것을 꿈꾸는가? 여러분의 선택을 분명히 하시라. 전문사역자를 두지 않은 한 무리의 하나님백성이 완전히 홀로 남겨지고도 살아남는 그런 교회를 상상해본 적이 있는가?

하나님의 백성들이 스스로 생존의 방식을 찾아 나가는 것, 오직 평신도들이 그들 스스로 운명을 결정해나갈 기회를 갖는 것, 그것이야말로 그리스도인들에게 주어져야 할 최고의 모험이다. 그것이 바로 교회의 기초이다. 그 방식이 다시 시작될 필요가 있다.

이 모험으로부터 뒷걸음치는 것은 우리가 평신도들을 신뢰하지 않고 있음을 인정하는 것이다. 우리가 하나님의 백성들을 그 수준으로 **준비시킬만한 사역자가 아님**을 우리 스스로, 그리고 무의식적으로 인정하는 것이나 다름없다.

이러한 길이 존재하고 또 이러한 선택이 그들에게 주어졌음을 하나님의 백성들이 최소한 알고는 있어야 하지 않을까! 그들에게 이 사실을 말해야 하지 않을까! 부디 그렇게 해주시길 당부드린다!

그들에게 이 사실을 말하라. : 바울이 교회를 세우고 나서 그 각각의 교회들을 어떻게 하나님의 백성들에게 넘겨주었는지 …더구나 그 교회들에 장로가 세워지기도 **전에**! 그렇다. 바울은 장로들이 세워지기 이전에 그 교회들을 교회 스스로에게 위임하고 자신은 그들과 작별했다.

하나님의 백성들은 기꺼이 이 모험에 도전할 것이다. 우리에게 필요한 것은 오직 두 가지이다. 하나는 이러한 방식을 그대로 따르려는 교회개척자와 다른 하나는 그것에 동의하고, 믿고, 감히 그렇게 하려고 작정한 다수의 그리스도인들!

부디 그들에게 그 사실을 말해줄 것을 나는 감히 여러분에게 당부드린다.

유기적인 교회? 어떻게?

....

오직 하나님의 백성들만이 유기적인 교회생활을 **발견**해 나갈 수 있는 당사자들이다. 바울의 방식은 꾸며낸 이야기가 아니다. 그 방식만이 유일한 "길"이다. 유기적인 교회생활은 우리가 하나님의 백성들에게 가르칠 수 있는 것도, 강권적으로 적용할 수 있는 어떤 것도 아니다. 진정한 교회생활은 **평신도**들이 직접 교회생활을 경험하면서 발견해나가는 어떤 것이다!

그렇다. 그것은 "발견되는 것"이다. 그렇지 않으면 그것은 유기적인 교회생활이라고 볼 수 없다.

교회를 세우는 여러분이 알아야 할 것은 여러분이 인위적으로 유기적교회를 낳을 수 없다는 사실이다. 그것은 하나님의 백성들만이 할 수 있는 어떤 일이다. 다만 우리가 할 수 있는 것은 1) 교회를 개척하고, 2) 그녀(교회)로 하여금 홀로 남겨질 수 있도록 준비시킨 후, 3) 그녀를 떠남으로써, 이 놀라운 일들이 조성될 환경을 만들어주는 것뿐이다.

"우리가 그들에게 그러한 기능을 발휘할 권리를 준다."고 말하지 마시라. 그 기능은 원래 하나님백성들의 고유권한이다!

만약 우리가 이렇게 하지 않는다면, 비록 가정에서 모일지라도 여전히 성직자중심의 운동을 전개하는 그 이상, 아무것도 아니다.

끊임없이 우리 속에 이 질문이 살아있게 하자. : 교회의 기능을 누가 소유할 것인가? 목사? 장로? 아니다. 그 교회를 일으켜 세운 교회 개척자도 아니다.

사랑하는 독자여러분. 그 말을 이렇게 바꿔 표현해보겠다. 결국은 평신도들이 교회의 **전권**을 소유하도록 여러분의 삶과 사역을 끊임없이 조정해나가시라. 그렇게 하심으로 바울의 모범을 따르시라.

교회의 전권 이양

....

평신도들이 전권을 부여받고 주님의 교회를 세워나가는 그 모습을 보고야 말리라는 지칠 줄 모르는 열정 없이 우리가 지금 쏟아붓는 모든 노력의 성과는 지극히 미미할 것이다. 안개가 걷히면 거기엔 결국 성직자가 통치하는 모임만 존재할 것이기 때문이다. 우리가 지금까지 기울여왔던 모든 노력은 지난 1800년 동안 반복되었던 성직자중심의 교회를 넘어설 수 없다.

주님의 백성들에게 "여러분은 홀로 남겨질 것입니다!"라고 말하라. 이것이야말로 역사상 가장 위대한 개혁선언 중 하나가 될 것이다. 자신들이 교회의 운명을 책임지게 될 것이란 사실을 알게 될 때 하나님의 백성들은 그 상황을 받아들일 것이다.

우리는 교회를 교회에게 넘겨주어야만 한다. 유기적인 교회, 신자들이 모두 제사장이 되는 교회, 성직자들이 아닌 **그들의 손에** 교회의 전권이 위임된 교회, 그것에 대한 사무치는 열정이 없다면 우리는 다만 또 하나의 그렇고 그런 운동을 전개하고 있을 뿐이다.

요약하면 이렇다. : 교회의 전권이 평범한 성도들의 손에 위임되는 유일한 방법은 그들이 홀로 남겨지는 바로 그때에 발견된다.

어떤 사역자도 거기 없을 때, 그리고 다른 어떤 종류의 리더나, 리더에 준하는 사역자, 전문사역자의 흉내를 내는 사람, 또 거의 그런 역할을 시도하려는 사람조차 존재하지 않을 때, 신약성경에 등장하는 바로 그 교회가 솟아오를 기회를 맞게 된다. 그리고 사역자가 떠난 후, 매 주일 무슨 일이 일어나고 있는지를 부재한 그 사역자에게 보고하는 사람도 존재해선 안 된다. (물론, 그 사역자는 모임에 속하지 않은 하나님의 종으로서 그 교회를 방문하여 힘을 실어주거나 교회가 절체절명의 위기에 봉착했을 때 찾아와 그 문제를 다룰 수 있어야 한다.) 그렇다. 사역자는 떠나야 한다. 떠나되 온전히 떠나야 한다.

장로

....

1) 교회를 하나님의 백성들에게 넘겨주는 것과 2) 유기적인 교회를 발견하는 것, 이 두 가지가 없다면 여러분은 결국 **장로**들과 교회의 권한을 나누게 될 것이다! 한 지역교회에 상주하는 목사들과 장로들의 손에 분배된 교회의 운명!

장로는 본래 지역교회 리더십에 의해 선출되지 **않았다**. 실제로 그렇게 될 경우 그 리더는 교회를 **장악**하게 되고 그것은 결국 안전장치 없는 리더십이 될 수밖에 없다. 장로는 한 지역교회가 유기적인 생명을 확보한 **이후에** 등장했던 초대교회의 한 직분이다. (이 말이 의미하는 바는 이렇다. : 한 교회개척자가 어떤 지역에 교회를 세운 후 그곳을 떠난다. 그러면 홀로 남겨진 '형제자매들'이 끈끈한 관계를 유지하며 교회의 운명을 짊어진다. 이후 교회개척자가 다시 그 교회를 방문해 장로를 세운다. 그때는 이미 "형제자매애" 혹은 "형제자매관계"가 깊이 형성된 이후이므로 그 장로는 지역교회의 리더십이 아니라 외부의 위협으로부터 교회를 돌보는 "형제 중 한 사람"일 뿐이다. 무엇보다 그 직분은 지역교회의 리더가 아닌 순회교회개척자의 리더십 하에 있었다.: 『유기적교회의 지도자』(대장간 역간) 참조. 역주.) 그 이전엔 결코 장로가 세워지지 않았다. 장로들은 지역교회 리더에 의해 선출되는 직분이 아니다. 1세기의 모든 문헌에서 장로가 장로를 선출한 예는 없었다.

현재 가정교회 운동에 속한 상당 부분의 교회들이 여전히 목사에 준하는 사역자 아니면 장로들에게 정서적으로 의존한다. 그리고 그들의 손에 교회의 운명을 맡기고 있다. 바울이 세운 교회들의 경우, 모든 장로들은 지역교회에 속하지 않은 순회교회개척자의 리더십 하에 세워졌다. 예외가 없었다.

내가 관찰한 바에 따르면 이렇다. : 현재 미국 내의 모든 가정교회들은 그 지역에 상시 거주하는 리더에 의해 시작되었다. 그는 교회를 세운 후 장로들을 선택한다. 그리고 자신도 그 장로들 중 하나라고 스스로 주장한다! 이것은 비성경적이고 인위적이며 권력독점이다. 하나님의 백성들이 교회의 전권을 가질 때 -비록 자신들이 그 사실을 인식하든 못하든- 거기에 진정한 권위가 존재한다.

오직 그때만이 "자리에 앉아 영원히 듣기만 하던 그 침묵의 주인공들"이 비로소 자신들이 해야 할 일들을 발견하기 시작한다. 교회가 **실제로** 해야 할 바로 그 무언가를! 이것은 정말로 극적인 국면전환이다. 실로 이것은 위험하기 이를 데 없다! 하지만 하나님의 백성들은 그것을 좋아한다. 여러분이 자신들을 신뢰한다는 사실에 그들은 또한 여러분을 좋아하게 될 것이다. 여러분이 그들을 통치할 권리를 내려놓을 때 그들은 그것을 내심 반긴다. 얼마나 놀라운 변화인가! 이것은 진정한 혁명이다. 예수 그리스도의 머리되심 밑에서 예민하게 반응하는 유기적인 교회를 바라보시라. 그녀는 어떤 조직이 아니다. 생물이다. 신약성경에 등장하는 신령한 생물, 바로 그 교회이다.

결국 문제는 이 모든 것을 어떻게 실천할 것인가이다. 여러분은 주님의 백성들에게 주님 예수 그리스도를 어떻게 심어줄지, 어떻게 그분을 계시할지 알고 있어야 한다.

부디, 교회개척자가 되기 이전에 유기적인 교회를 경험하라. 그렇게 함으로써 여러분은 여러분 자신과 하나님의 백성들을 끔찍한 재앙에서 건져낼 수 있게 된다.

당신의 복음은 무엇인가

....

우리가 현재 내거는 복음은 분명 충분히 깊은 복음이 아닌 듯하다. 충분히 신선하지도, 십자가를 중심에 두지도, 교회개척자에 의해 홀로 남겨지는 자리로 하나님의 백성들을 이끌 만큼 충분히 역동적이지도 않다.

우리가 현재 가르치는 복음으로는 처음교회의 모습을 회복하기 어렵다는 사실을 인정할 수만 있어도 절반의 시작은 한 것이나 다름없다. 나머지 절반은 복음주의 사고방식 밖에서 그 답을 찾아야 한다. 자신의 직업이나 정체성을 위해 복음을 전하는 것에서 벗어나는 것이 여러분의 급선무이다. 하나님의 백성들이 더 이상 사역자인 여러분을 필요로 하지 않는 그 지점으로 데려가는 것이 여러분의 복음이 지향할 목표이다. 바울의 방식대로 복음을 전하시겠는가? 그것은 다른 어떤 것이 아니다. 평범한 형제자매들이 여러분의 도움 없이 교회를 이끌도록 그들을 남겨두는 것이다. 이를 위해선 극히 고상한 복음을 여러분이 그들에게 전달해야 한다.

나와 함께했던 성도들은 교회의 운명을 떠안았다. 물론 그들은 자신들이 교회의 전권을 가지고 있다는 사실을 아예 의식하지조차 못할 수도 있다. 하지만 어떤 사람이 그들에게 "당신들이 교회의 전권을 가지고 있습니까?"라고 묻는다면 그들은 "그렇다!"라고 대답할 것이다. 무엇보다 그들 중에는 아예 나를 보지 못한 사람들도 적지 않다. 내가 그들을 방문하여 한 달 이상 머무는 것을 본 사람이 없을 것이다. 어떻든, 그 교회들은 그녀 자신의 생존이나 성장을 내게 의존하지 않는다. 그들 중 어떤 교회는 내가 이 책을 쓰고 있는 지금까지 30년 넘게 나를 만나지 못한 교회들, 내가 전하는 메시지를 듣지 못한 교회들도 있다! 지금까지 내가 그들과 함께 한 시간은 한 달이 채 안된다!

사랑하는 여러분. 우리는 오랫동안 신약성경적인 교회와 그 패턴에 대해 말해왔다. 그 신약성경적인 교회 안에 바로 이 **"유기적인 요소"**가 포함되어야 하지 않겠는가?

바울의 방식

· · · · · · · · · · · · · · · · ·

대체 바울의 방식이란 무엇인가?

최소한 성경에 명확하게 등장하는 바울의 아홉 교회들! (비시디아안디옥교회, 이고니온교회, 루스드라교회, 더베교회, 빌립보교회, 데살로니가교회, 베뢰아교회, 고린도교회, 에베소교회) 그 아홉 개의 교회들 중 **일곱 교회**가 바울과 다섯 달 남짓 보낸 시간이 전부라는 것이 신약성경의 기록이다. 우리가 그 사실을 인정하지 않을 도리가 있는가! 나머지 두 교회 중 고린도교회에서는 18개월을 머물렀고, 맨 마지막에 세워진 에베소교회에서만 3년을 머물렀다.

이것이 우리가 1세기 이야기에서 발견할 수 있는 유일한 교회개척 방식이다. 그 모든 교회들은 유기적인 교회였다.

그 교회들이 여기 있다

....

비시디아-안디옥	5개월
이고니온	5개월
루스드라	5개월 미만
더베	5개월
빌립보	5개월 미만
데살로니가	5개월
베뢰아	5개월 미만
고린도	18개월
에베소	3년

바울의 사역은 그렇게 이루어졌고 심지어 열두 사도들조차도 순회사역자였다.

유일한 예외가 있다면 지구상 최초의 교회인 예루살렘교회이다. 사도들은 7년 동안 거기 머물렀다. 다시 반복하여 말씀드린다. 사도들, 즉 교회개척자들은 7년 남짓 예루살렘교회에 머물렀다.

우리가 이 방식을 따라야 하지 않을까? 비록 그것이 모든 이들의 심장에 충격을 줄지라도!

주님의 백성들에게 "나는 여러분을 떠날 것입니다."라고 말하라. 그것은 모든 이들을 놀라게 하겠지만 동시에 그들을 흥분시킬 것이다!

그다음엔!

....

이제 여러분은 그들에게 이렇게 말해야 한다. "내가 여러분들을 떠날 때, 나는 장로나 어떤 유형의 다른 지도자도 세우지 않고 여러분과 작별할 것입니다!"

사견을 말씀드리면!

....

만약 내가 그 외에 다른 방식으로 교회를 세워야 한다면 나는 굳

이 그 까닭을 발견할 수 없을 것 같다. 만약 세워지는 교회가 유기적인 교회가 아니라면, 즉 성직자 중심의 교회, 또는 1인 통치하의 교회라면, 내게 있어 그것은 전혀 교회로 여겨지지 않는다.

선교지에서!

....

우리가 외국 땅에서 교회를 세우는 일은 결코 작은 문제가 아니다. 교회를 세운 개척자가 그곳을 떠나는 성경적 원리를 적용하지 않는 한, 우리는 그 지역의 고유한 신앙표현을 가진 교회들을 볼 수 없게 될 것이다. 그때 우리 눈에 들어오는 교회는 오직 미국화 된 교회(world-wide Americanization)뿐일 것이다.

만약 선교지의 현지 그리스도인들에게 그 교회를 위임하지 않는다면, 우리는 결국 그 교회들에게 "외국 땅의 미국교회"가 될 것을 강제하는 것이나 다름없다.

하나님께서 그들에게 주신 땅, 그 땅에서 토착화된 그들의 삶, 그 실제의 삶으로 자신들의 믿음을 표현하는 교회들이 얼마나 아름다울지 상상해보라. 하지만 지금 우리 복음주의자들은 **오직 하나의 신앙표현만** 가지고 있을 뿐이다. 다시 말하면 미국교회 버전의 신앙표현! 미국식으로 믿음을 표현하는 현재의 방식은 미국 본토 그리스도인들에게조차 유기적이지 못하다. 그것은 루터교와 제네바의 칼뱅버전, 즉 **영국공교회**(영국성공회 안의 세 흐름 중 한 주류로 보통 '고

교회파(High Church)'라고 부르며, 성공회와 일치하는 루터교의 공교회주의 전통을 강조한다. 사도적 전승의 역사적 지속성, 그리고 가시적인 교회의 일치와 전례를 강조한다) 버전을 약간 희석한 신앙표현에 불과하다. 그렇다면 그 이전의 버전은? 로마 가톨릭을 각색한 개혁교회의 신앙버전! 그 어떤 버전도 자연스럽게 잉태되어 산출되거나 성장하지 못했다. 교회개척자에 의해 한 교회가 세워진 다음, 스스로 성장하기 위한 일정기간의 준비를 거친 후, 그 개척자가 **떠날 때만**이 유기적인 신앙표현, 그들만의 **고유한** 표현, 그들이 자라온 토양에 **적절한** 토착적인 신앙표현을 가진 교회가 세워질 수 있을 것이다. 우리의 선택은, 기계로 찍어낸 듯 일정한 교회를 볼 것인가, 아니면 말할 수 없이 다양한 표현으로 자신들의 믿음을 고백하는 교회를 볼 것인가, 그 사이에 있다. 자신들이 살아온 그 본래의 터전에서 그리스도를 경험하는 하나님의 백성들, 그리고 그 하나님의 백성들에게서 흘러나오는 각각의 영적인 DNA들이 고차원적으로 만나면서 그 안에서 표출되는 다양한 믿음의 고백들, 바로 그 고백을 가진 교회가 우리가 지향하는 교회이다!!

우리의 선택은 바로 거기에 있다.

선(先) 경험

....

교회를 개척하기 이전에 먼저 교회생활을 경험하려는 사람은 극히 드물다.

놀랍게도, 대부분의 가정교회 리더들은 교회를 시작하기 **앞서** 단 1-2주도 교회생활 속에 들어가 본 적이 없는 사람들이다. 최소한 1년 (혹은 2년)의 실제적인 교회생활, 말 그대로의 교회생활을 경험하는 것이 절대적으로 필요하다.

7년

················

나는 개인적으로, 7년 동안 교회생활의 한가운데 있었다. 그 후에도 11번의 단기적인 경험을 더 거쳐야했다. 어떤 경험을 말하는가? 실제적인 교회생활 안에서 발견되는 엄청난 결핍들, 문제들, 위기들과 끝없이 전개되는 만화경 같은 경험들 … 내겐 18년의 준비기간이 필요했다. 나는 여러분에게 최소 1년간의 교회생활을 권면하고 싶다. 만약 여러분 안에 하나님의 백성들을 위한 목적 이외에 다른 동기가 없다면 리더가 아닌 그저 평범한 형제로 교회생활 속에 들어가 보시라.

우리는 "신약성경적인 **방식**"에 대해 자주 말해왔다. "신약성경적인 **모델**"을 좋아한다. 그리고 "초대교회 **스타일**"을 강조한다. 그런데 그 오래전, 그분들은 끊임없이 이동하는 **순회교회** 개척자들이었다. 우리는 신약성경적인 방식과 그 모델과 스타일을 따르는 사람들이다. 그러니 우리 그 순회교회 개척자들과 그들의 방식에 대해 이야기하자.

그 초대교회개척자들은 그들이 세운 교회를 **떠났다**. 장로들이 세워지기도 **전에**!

그렇다. 우리 그 모델에 대해 이야기하자. 이 사람들이 전했던 지배적인 메시지는 "예수 그리스도"였다. 그리스도가 이 사람들이 경험했던 자이로스코프(gyroscope)였고, 유일한 계시였으며, 메시지였다. 그리스도가 교회의 중심이었다. 그렇다면 우리가 전하는 어떤 메시지도 이 그리스도보다 더 커져서는 안 되지 않겠는가? 장로가, 기도가, 성경공부가, 복음전도가 그리스도보다 더 커져서야 되겠는가?

진실로 위대하고 새로운 무언가를 할 기회가 우리에게 주어졌다.

그 맥락에서, 이제 교회를 새로 시작하는 것과 관련하여 가장 중요한 측면들을 살펴보자.

예수 그리스도를 공급하기

· · · · · · · · · · · · · · · ·

우리가 하나님의 백성들에게 순전히 그리스도만 공급할 수 있다면! 그리스도보다 덜 중요한 어떤 것들과 뒤섞이지 않는다면!

내게 전화를 걸어왔던 한 젊은이는 그가 교회를 개척한 후에 그 교회에 남아 하나님의 말씀을 전하는 것이 무슨 문제가 되느냐고 주장했다. 그래서 주님의 백성들에게 무슨 메시지부터 전할 생각이냐고 물어보았다. 그는 잠시도 망설임 없이 바로 이렇게 대답했다. "세상을 포기하는 것부터 전할 것입니다. 그다음 그들의 죄 된 본성을 어떻게 다룰지, 그다음 자아를 죽이는 법에 대해 말할 것입니다."

불행하게도 그의 대답은 많은 사람들이 가르쳐온 것들과 별로 다를 바가 없다. (대부분의 사역자들 역시 하나님의 백성들에게 가르치는 것이 성경공부이고 "신약성경에 나오는 교회들"이 지켰다고 여겨지는 어떤 관습이란 사실을 나는 잘 알고 있다.) 그런 메시지들은 건조하고 규율을 전달하는 것 이상 아무것도 아니다.

그것이 무엇이든, 그 메시지의 중심은 "그것"에 있다. 우리의 메시지는 "그것"이 아니다. 우리의 메시지는 "그분"이다.

사랑하는 여러분! 교회는 오직 한 가지 기초위에 서 있어야 한다. 우리가 드러내야 할 메시지도 오직 그 하나이다. 말씀을 전하는 사람의 깊은 내면에서 뿜어져 나오는 그리스도 "그분"이 없다면, 그리고 그리스도 "그분"을 드러내는 뜨거운 계시가 아니라면 그 메시지가 무엇이든 그것은 무미건조한 "그것"에 해당한다.

이 메시지를 애써 전하라

....

오직 살아계신 그리스도의 영광에 뿌리를 둔 메시지만을 전하라. "성경을 읽으라"는 독촉도, 구원문제도, 사역도, "해야 될 것과 하지 말아야 할 것들"을 나열하는 율법도 우리가 전할 메시지의 중심이 아니다. 오직 주님 예수 그리스도의 영광에 뿌리를 둔 메시지, 그것만을 전하라. 그러면 여러분의 메시지가 어떤 힘을 가지고 있는지 여러분도 알게 될 것이다.

말씀을 전하는 사람들은 자신에게 깊숙이 스며든 주님의 계시, 심오하고, 경이롭고, 중심을 흔들며, 충격적이고, 심령을 흔들어 깨우는 주님 예수 그리스도의 계시가 있어야 한다. 그것은 다른 어떤 것에서 끌어올 수 있는 것이 아니다. 그 계시가 있는 사람은 그리스도를 전할 것이다. 그는 그리스도의 생명으로 살 것이다. 그는 그리스도께 사로잡힐 것이며 그가 세운 교회는 그리스도를 기초로 삼을 것이다. 그렇지 않으면 그리스도에 대한 그의 메시지는 "공허"할 수밖에 없다. 어떤 사람은 그리스도를 주제로 삼는 것에 매우 어려움을 느낄 것이고, 어떤 사람은 그 주제를 벗어나는 것에 어려움을 느낄 것이다. 경이로우신 그리스도를 듣게 된 사람들에겐 보통 교회들 안에서 행해지는 그 이상의 어떤 일들이 주어질 것이다. 그리스도의 계시를 가진 사람들은 실제로 다른 어떤 것에 의존할 수가 없다.

그리스도의 계시는 주님의 백성들에게 …다른 어떤 것도 미칠 수 없는 방식으로 깊은 영향을 미친다. 그것은 또한 그 메시지를 전하는 그 사람에게도 동일한 영향을 미친다.

방안에 가득 모인 사람들이 예수 그리스도의 영광을 보고, 그분을 어떻게 접촉하는지 배워나가는 모습은 놀랍도록 아름답다. 그 어떤 것도 그분과의 만남을 대체할 수 없다. 오직 그것만이 교회의 기초이고 그녀가 성장할 토양이다!

그렇다면 그리스도를 계시한 다음엔?

계시된 그 분을 어떻게 알아나가는지 보여주라! 개인적으로, 친밀하게, 그리고 매일 어떻게 그분을 알아 가는지, 그분을 안다는 것이 무엇인지.

그 다음엔?

주님 예수 그리스도를 조금 더 깊이.

그 다음엔?

그분을 좀 더 깊이 …그렇게 계속.

가정교회 모임을 열었는가? 그렇다면 이 한 가지를 점검해보라. : 얼마나 자주 **그리스도**의 이름이 모임 안에서 언급되는지 헤아려보라. 다른 중심적인 용어들, 이를테면 성경, 복종, 장로, 성경공부, 진리, 말씀, 교훈, 교리, 그리고…**제자도**! 이런 용어들이 언급되는 횟수와 그 횟수를 비교해보라.

> 사람들의 입술에서 흘러나오는 그 말은 곧 그 사람의 마음이 기우는 그 대상이다! 부디 여러분은 많은 이들 가운데 예외가 되기를! 다른 이들이 중심으로 삼는 그 용어들이 여러분에겐 예외가 되기를! 부디 그분으로 여러분의 내면이 풍성하기를! 여러분의 깊은 곳에서 입술을 타고 흘러나오는 그 말은 부디 예수 그리스도 그분이기를!

어째서 우리의 사역과, 메시지와, 삶 속에 그토록 그리스도가 광

범위하게 결핍되어 있을까? 예수 그리스도의 계시를 얻는 것이 쉽지 않기 때문이다. 그리스도 그분께 깊이 스며드는 것에 비해 성경에 통달하는것이 얼마나 더 쉬운지 여러분은 생각해본 적이 있는가? 그것은 상당한 차이가 있다!

내가 지금 말씀드리는 것은 우리가 그리스도를 중심에 놓는 것을 별로 **좋아하지** 않는다는 의미이다. 우리가 좋아하는 것은 어떤 **일** (thing)이다. 그러나 사역에 대한 논의로는 **그분**을 대체할 수 없다. 다시 한번 말씀드린다. 우리가 "그것"을 말해야 하겠는가? 아니면 "그분"을 말해야 하겠는가?

그리스도에 대한 수많은 메시지들

· · · · · · · · · · · · · · · ·

그동안 내가 사람들과 나누어왔던 1천 편이 넘는 메시지들과 영상자료들이 나의 서재에 보관되어 있다. 실제로 그 모든 메시지들은 한결같이 주님 예수 그리스도를 주제로 삼고 있다. 그것들 중 어느 하나도 그분께서 이 땅에 계실 동안에 겪었던 사건이나 정보를 전달하지 않는다. 이 메시지들은 그분의 생애에 대한 연구도 아니고 계시록을 풀어내는 말씀도 아니다. 이 메시지들은 신학도 아니다. 훌륭한 그리스도인이 되는 법을 다루지도 않는다. "주님께서 이러이러한 일을 하셨으니 여러분도 그렇게 해야 한다."는 교훈도 그 안에 들어있지 않다. 순종에 대한 강조는 단 한마디도 없다. 장로직에 대해 말하지도 않는다. 제자도를 다루지도 않는다! 은사에 대한 말씀도 없다. (은사의 목적은 예수 그리스도를 높이는 것이다.) 세상에 대한 사회적 책임을 강조하는 말씀도 전혀 없다.

어째서 이 모든 중요한 가르침들이 다 빠졌는가? 그리스도를 드러내는 것에 비해 그러한 주제들은 사실 별로 다룰 필요가 없는 것들이기 때문이다.

현재의, 살아계신, 부활하신, 보좌에 오르신, 승리하신, 무엇보다도 우리 안에 내주하시는 주님! 그분을 드러내는 메시지가 대부분이다. 그리고 또 하나의 핵심적인 메시지는 계시된 그 주님을 어떻게 알아갈 수 있는지, 어떻게 그분과 접촉하는지, 어떻게 그분을 경험하는지, 어떻게 그분을 맞아들이며, 어떻게 그분을 사랑하는지, 그리고 어떻게 그분께 사랑받을 수 있는지, 이 놀라운 우리의 주님을 어떻게 알고 그분과 동행하는지를 다루고 있다! 개인적으로 그리고 한 교회를 이루어서.

이제 교회생활이라는 미지의 세계에 접어든 주님의 청년들에게 당부드린다. 그리스도께 사로잡히시라. 개인적으로, 그리고 내밀하게! 그다음, 여러분이 입을 열었을 때 흘러나오는 그 말이 그리스도, 그분이 되게 하시라.

우리 모두는, 특히 입술에 교회라는 말을 아예 달고 살아가는 우리들은 어떻게 이 주님을 알아갈지, 또 어떻게 우리가 만난 그분을 전할 수 있을지를 절대적으로 알고 있어야 한다.

수많은 운동(movements) 가운데, 그리고 기독교역사에서 우리는 예외적인 사람들이 되자. 어떤? 그리스도를 그 중심에 놓은 아주 예외적인 사람들! 그것은 놀라운 역사가 될 것이다! 그리고 그것이야말로 우리가 공헌할 바로 그 부분이다.

이전의 운동들 : "그것" 아니면 "그분"

....

오순절운동은 환상, 기적, 그리고 그들의 영원한 자랑인 찬양으로 특징지어진다. 기독교세계는 기쁨 넘치는 그들의 무아지경을 보며 반색했다. 무엇보다 거기엔 어떤 신령한 요소까지 가지고 있었다. 그 신령한 요소와의 접촉점이 그 운동을 지난 100년 동안 가장 거대하고 엄청난 운동으로 견인하는 "동기와 동력"이 되었다.

오순절 운동이 성공하기 이전엔 침례교도들의 성공이 있었다. 침례교는 미 서부지역을 강타하며 곧 미 대륙 전체를 휩쓸었다. 그들은 신자들이 구원받는 순간 경험하는 그 영적 체험을 무기로 놀라운 성공을 거두었다. 마치 우리가 구원받을 때 순간적으로 경험하는 그 짧은 영적 체험 덕분에 구원받을 수 있었던 것처럼 모든 구원의 공로를 그 순간적인 영적 감동에 돌렸다. 다시 말하면 그 구원의 감격이 있으면 그는 이미 변화된 사람이고, 그 경험이 그 사람을 변화시키는 힘이며, 그것이 지구상의 모든 문제를 해결하는 권능과 열쇠였다. 그들이 실제 그렇게 노골적으로 말하진 않았다 할지라도 그들의 방식은 분명 그렇게 말하는 것처럼 들렸다. 우리 침례교도들은 그리스도인의 운명을 구원받는 그 순간의 감격에 두었다. 침례교회 운동을 추동해나간 거대한 동력은 바로 그 단순하고 독특한 영적인 요소 하나였다.

오순절운동엔 찬양이 있었다. 침례교회는 회심의 순간을 모든 문제를 해결하는 열쇠로 보았다.

그렇다면, 그리스도와 동거하고 동행하는 것을 교회의 핵심으로 삼고자 하는 우리 가정교회 운동은?

가정교회 운동이 실제로 사람들에게 공급할 수 있는 것은 무엇일까? 여타의 다른 운동들이 줄 수 없는 무엇을 우리는 가지고 있는 것일까? 가정교회운동은 무엇이 다른가? 교회의 **평신도석**을 가정집 **거실**로 옮긴 것이 그토록 우월한 점인가? 장로직을 새로운 시각으로 조명하기 시작한 것? 지상영역 외의 다른 영역(other realmness)에 대한 관심? 그리스도를 경험하고자 하는 열망? 그분을 주시하는 삶? 어쨌든 우리가 영적인 사람들로 여겨지면 좋은 일 아닌가? 우리 각 사람이 개인적으로 주님을 깊이 만날 뿐 아니라 연합된 몸(교회)으로도 그분과 접촉한다면, 아니 사람들이 그렇게 알고 있다면 …그것도 괜찮은 일 아닌가?

내 말은 우리가 지금 주님과의 살아있는 관계를 누리고 있지 못함을 언급하는 것이 아니다. 아예 그 사실 자체도 모르고 있을 뿐 아니라 그러한 실상을 언급하는 사람조차 없음을 말하는 것이다. 대체 어쩌자고 예수 그리스도를 중심에 놓는 것에 관심이 없다는 말인가!

이것이 오늘 우리들의 가장 연약함 점으로 거론되어야 하지 않을까?

　여러분도 가정교회를 시작할 셈인가? 그렇다면 교회의 **영적인 측**면을 잊지 마시라. 그리스도를 아는 것은 **모든 것**이다. 여러분께서 회복하고자 하는 것이 있다면 부디 그 부분을 회복하시라.

　우리에겐 교회개척자가 필요하다. 그 교회개척자는 예수 그리스도께 완전히 사로잡힌 사람이어야 하고 **또한** 다른 사람들에게 예수 그리스도를 어떻게 보여줄지 그 방법도 알고 있는 사람이어야 한다. 사랑하는 여러분. 거룩하게 선언하는 바, 주님을 알기 위해 굶주린 누군가가 있어야 한다. 그리고 하나님의 백성들이 그분의 계시에 압도될 때까지, 그리고 그분을 실제적으로 경험하기까지 지속적으로 그분을 보여줄 수 있어야 한다. 교회는 다만 예수 그리스도, 그분의 끊임없는 계시 속에서만 성장할 수 있다는 사실을 잊지 마시라. 그 외, 다른 모든 것은 부수적인 것들이다. 유기적인 교회란 다른 어떤 자원을 필요로 하지 않는다.

　우리에겐 그분을 알고 있는 사람들, 전권을 위임받은 교회에서 그분의 머리되심에 온통 사로잡혀있는 그 백성들이 절박하다. 여러분이 교회를 새로 시작한다면, 바로 그러한 방식에 이끌리기만을 나는 간절히 소망한다. 왜냐하면 우리 앞서 살다간 모든 그리스도인들에게 "우리가 예수님을 볼 것"이라고 내가 말해두었기 때문이다!

　최근에 일어났던 한 사건을 여러분과 나누면서 말씀을 마치고자 한다. 이제 들려드리게 될 이야기 속에서, 교회를 세우려는 여러분에게 무슨 일이 기다리고 있는지 배우시기 바란다.

분열은 피할 수 없다

....

만약 교회의 규모가 커지고 힘이 생긴다면 그것을 나누려는 누군가가 나타날 것이다. 다른 말로 하면, 교회를 세우고 싶지만 그럴 능력이 없는 사람들이 얼마간의 사람들을 빼내어 그 자신의 교회를 세울 것이라는 의미이다.

나는 지난 주간을 우리 시대의 가장 위대한 사역자 중 한 사람과 함께 보냈다. 그는 인도에서 왔다.

1940년대로 거슬러 올라가보자. 한 사람이 인도라는 땅에 걸어 들어와 인도인들에게 적합한 1천개 이상의 토착화된 교회를 힘 있게 세워나갔다. 가히 어떤 사람의 인생에서도 찾아볼 수 없는 놀라운 성취였다. 이 사람이 해낸 일은 우리 중 어떤 사람이 이뤄낸 업적도 무색할 만큼 대단한 것이었다. 그는 21세기의 전환기에 죽었다. 5천명의 조문객들이 그의 장례식을 찾았다. 그의 이름은 박트 싱(Bakht Singh)이다. 그는 서양인들에겐 잘 알려지지 않은 사람이다. 하지만 그 또한 서양인들에게 큰 관심을 두지 않았다!

실제로 서양인 중 어느 누구도 그의 사역을 따르기 위해 그를 방문하거나, 그에게 배우거나, 그의 사역을 진지하게 연구하려는 사람이 없었다.

지난 주 나와 함께 했던 그 인도인 사역자는 나의 오래된 친구이자 싱의 가장 가까운 동역자였다.

그러한 배경 속에서 여러분과 나누려는 이야기가 있다. 자신들이 싱만큼 대단한 그리스도인이라고 생각했던 많은 사람들이 있었다. 그들은 싱이 했던 일들을 자신들이 더 잘 해낼 수 있다고 확신하였다. 그의 사역 안에 있었던 어떤 사람들은 이렇게 말했다. "내게 좋은 생각이 있다. 나는 더 좋은 방법을 가지고 있다." 그러자 "더 좋은 방법을 가지고 있는 그 사람들"의 말을 듣고 그들을 따라나선 사람들이 많았다. 그런 방식으로 이 사람들은 싱의 사역을 둘로 나누고 분열시켰다! 그리고 그 사람들과 그들이 조각낸 사역은 그 후 다시는 눈에 띄지 않았다.

왜 그렇게 되었을까?

싱과 같은 사람들은 4백 년에 한 사람 정도 나올까 말까 한 사람이다. 그럼에도 그의 사역 안에 있었던 사람들 중에, 특히 사역자들 중에 "더 좋은 방법"을 가지고 있는 사람들, 더 잘 할 수 있다고 말하는 사람들이 있었다.

그들은 얼마간의 추종자를 얻어 …쪼개진 후, 소멸되어버렸다. 결국 그들은 자신들의 꿈을 수행할 능력이 결핍된 사람들이었고 …그 후, 다시는 그들의 소식을 들을 수 없었다.

나의 인도 친구는 40년 동안 싱과 함께했고 그 자신도 인도 전역을 떠돌며 사방팔방으로 교회를 세웠다. 거듭된 위기를 맞았고, 밤을 새워 기도하며, 40여개 나라에서 말씀을 전하고, 기차 안에서 잠을 청하며, 60도에 육박하는 열기 속에 내몰리기도 하고, 전갈조차 지날 수 없는 장소에서 밤을 지새우며 자신의 모든 것을 제물로 하나님께

드렸다.

그런 사람들은 그렇게 자주 이 지구를 방문하지 않는다!

그럼에도 언제나 그 사람들보다 더 좋은 생각을 가지고 있다는 사람들이 존재했다. 그렇게 더 좋은 생각을 가진 그 사람들은 밤낮으로 여행하지도, 그들의 삶을 위험가운데 내던지지도 않는다. 기차 안에서 잠을 청하는 경우도 없고, 밤새워 기도하는 일도 없다. 수많은 공항을 떠돌며 그 한 모서리에서 쪽잠을 자거나, 뱀이 밟힐까 두려운 곳에서 잠을 청하는 경우도 없다. 정글에서 길을 잃거나, 고통을 당하거나, 중상모략에 시달리거나, 미움을 받는 경우도 없고 …그 모든 일을 기쁨으로 여기는 경우는 더더욱 없다. 계속해서 실패를 무릅쓰지도 않으며, 실패를 거듭하면서 다시 그 자리로 돌아오는 경우도 없다. 좋은 생각을 가지고 있는 그 사람들은 그저 **더 좋은 생각만** 가지고 있을 뿐이다. 그 이상은 없다. 그럼에도 불구하고 그들은 주저 없이 분열의 자리로 뛰어든다! 그들은 고통을 감수하지 않을 것이고 다른 사람들을 위해 자신의 삶을 내놓지도 않을 것이다. 다만 그들은 "더 좋은 생각"만 가지고 있다.

이 사람들의 눈은 결점과 문제점을 잘 포착한다. 그들 중 많은 이들이 그렇다. 무엇보다도 그들은 자신들의 생각이 옳다는 확신이 있다. 결코 잊지 마시라. 그들은 자신들이 발견한 그 결점 앞에서 정확히 옳은 편에 속한다. 그들 모두가 그렇다. 결국 장기적인 안목에서 보면 그들은 그런 쪽에 밝은 사람들이다. 그것이 그들이 잘하는 **전부**이다. 밤새워 기도하거나, 지구를 횡단하거나, 그의 모든 것을 헌신하거나, 다른 이들을 위해 죽음을 맞거나 …그런 일들은 그들이 잘하지 **못하는** 일에 속한다!

가정교회를 세우게 되면

....

여러분의 가장 깊은 곳에서 여러분의 삶을 움직이는 그 본질이 그리스도여야 한다. 여러분은 좀 더 높은 차원으로 나아가고 싶은가? 그렇다면 어떤 종교적인 허위와 가식 없이 그리스도 그분이 여러분의 삶 자체가 되게 하시라.

희생이 따라야 한다. 실패, 상실, 죽음, 낙담과 실수들은 하나님을 섬기는 본질 중에서도 핵심에 해당한다. 여러분이 살아남고자 한다면 그 모든 여정을 즐거움으로 받아 안는 것이 필수이다! 교회를 일으켜 세우는 일은 긴장의 연속이다. 여러분의 삶을 안전지대에 놓으려는 의지가 강력한가, 미미한 정도인가? 그 지대가 광활한가, 협소한가?

40년 동안 사역을 감당해온 내 인도친구는 그 모든 것을 증명하는 상처와 흔적을 지니고 있다. 그와 함께 동역해온 싱처럼 그 역시 그리스도의 몸을 조각낸 후 다시는 나타나지 않는 사람들에 둘러싸여 평생을 살아왔다. 하지만 하나님의 은혜로 그는 여전히 천진난만한 낙관론자이다!

어느 날 **여러분도 더 좋은 생각을 가진 그 특별한 사람들을 만날**

것이다! 그는 여러분에게, 그리고 다른 사람들에게 무엇이 잘못되었는지를 가르쳐줄 것이다. 여러분이 이러한 사람들을 만나게 되면 박트 싱(Bakht Singh)을 상기하라! 내 친구는 교회사에서 가장 위대한 사역자중의 한 사람이지만 언제나 그보다 그것을 더 잘할 수 있다고 **생각하는** 사람들에 둘러싸여 살아왔다. 결론적으로, 여러분에게 간절히 당부하고 싶은 말이 있다. : "더 좋은 생각"을 가진 사람이 되지 말라. 철학자들은 그들의 피를 흘리지도, 그들의 건강을 포기하려고도, 자신들의 훌륭한 통찰력에 자신들의 모든 것을 걸려고도 하지 않는다. 여러분이 꼭 그렇게 하고 싶다면 "더 좋은 생각을 가진 사람"을 추종하시라. 하지만 그 사람처럼 되지는 말라.

다른 한편, 모든 것을 그리스도께 넘기는 일이 영 불편하다면 "더 좋은 생각을 가진 사람"을 따르라. 그런데 그 전에, 여러분이 그 사람에게 물어보아야 할 질문이 있다.

그에게 이렇게 물어보라. : "당신의 세계관은 무엇입니까?"

그 질문 하나면 된다. 그것으로 충분하다.

(그는 그것을 가지고 있지 않을 것이다.)

"세계관"이 무엇일까? 여기서 그것을 설명할 이유는 없다.

하지만 내 인도 친구에게 물어보라. 싱에게 물어보라. 그리스도와 그분의 교회를 위해 피 흘린 누구에게든 물어보라.

세계관

··················

대부분의 가정교회 모임들로부터 내가 받는 대체적인 인상은 그들에게 세계관이 없다는 것이다. 세계관이 없다면 우리가 왜 이 자리에 있어야 하는가?

여기 미국에서 모이는 가정교회들의 일반적인 모습을 묘사해보겠다. : 절반 이상의 사람들이 모임 시간을 넘겨 참석한다. 스테이플러로 묶은 노래책을 손에 들고 있다. 몇 곡의 노래를 부른다. 그 이후 전개되는 모든 것들은 애처롭기 그지없다. 공허한 기도. 얕은 나눔 … 기타 등등. 그 안에 새로운 생명의 기운이란 존재하지 않는다. 그저 모인다는 것 이상의 어떤 의미를 두기 어렵다.

분위기는 대부분 가라앉아 있고 가볍다. 모임자체가 참석한 사람들의 기분을 맞춰주기 위해 존재하는 모양새다. 본질적으로 "나를 축복해주세요…"하는 모임이다. 세상의 흐름에 적극적으로 맞서는 모습이란 존재하지 않는다. 사랑하는 독자들이여. 그것이 어떻게 1세기교회의 모습인가?

떠들썩한 사건들?

그런 것이란 없다. 대부분의 모임들이 오히려 세상에서 도피할 더 큰 안전지대 역할을 수행한다. 그리고 그 안전지대를 지키기 위해 헌신하는 모양새다. 세계관(世界觀)? 세계관은커녕 "이웃도시관(觀)"도 그 안엔 존재하지 않는다.

이것이 1세기교회의 모습인가? 그 안에 역동성은 모두 어디로 갔는가?

가정교회를 시작하려 하는가? 아니면 그 구성원이 되려는 마음이 있는가?

그렇다면 지금! 이 문제를 해결해야 한다.

여러분의 세계관은 무엇인가?

앞에서 언급했던 싱의 세계관은 인도 전역에 토착화된 교회를 일으켜 세우는 것과 이 지구 구석구석 그리스도와 그분의 토착화된 교회가 심겨지는 것을 보는 것이었다. 그래서 그는 그의 평생에 그를 필요로 하는 곳이라면 어디든 발걸음을 옮겼다.

나의 인도친구는? 그 역시 싱과 동일한 세계관을 가지고 있고 그 값을 지불하기 위해 자신의 생명을 걸고 있다.

나와 함께 일하는 동역자들 역시 우리의 발길이 닿는 곳이면 어디든 찾아가 1세기교회의 에클레시아가 경험되는 그 유기적교회의 회복을 보겠다는 세계관을 가지고 있다. 필요하다면 우리는 1세기교회-단순하지만 역동성이 넘치는-그 교회의 회복을 위해 헤엄쳐서라도 그곳에 갈 것이다. 사람에 의해 이끌리지 않는 모임, 그리고 그 모임 전체가 빚어내는 그리스도! 그리스도와의 개인적인 만남, 그리고 그 만남이 끊임없이 보고되는 전체모임. 모두의 기쁨으로, 그리고 서로의 돌봄 속에 드높여지는 그리스도!

여러분의 세계관은 무엇인가?

그 부담감이 여러분 안에서 얼마나 뜨겁게 타오르는가? 그 부담감의 길이와, 깊이와, 넓이와, 높이는 어떠한가?

여러분은 얼마나 거기에 사로잡혀 있는가?

그를 위해 얼마나 혹독하게 여러분 자신을 훈련시켜왔는가?

처음부터 완전히 새롭게 가정교회를 시작하고 싶은가? 그것을 위해 현장에서 배운 경험은 무엇인가? 젊은 시절, 나는 율법을 넘어 존재하는 교회를 배우기 위해 세계를 떠돌았다. 한 번 더 질문하는 것을 용서하기 바란다.

여러분의 세계관은 무엇인가?

당부의 말씀

·················

1세기에 하나님을 섬겼던 모든 사람들은 세계관을 가지고 있었고 그 성취를 위해 자신들의 삶을 쏟아 부었다. 세계관 없이 하나님을 섬긴다는 것은 전혀 근거 없는 주장이다. 그것을 입증할 증거는 얼마든지 있다. 1세기 그리스도인들의 뒤를 따랐던 사람들 역시 동일한 세계관을 가지고 있었다. : 롤라드, 모라비안, 왈도파, 싱 …! 만약 여러분의 세계관이 그들과 같다면 나는 언젠가 여러분을 만날 영광을 누리고 싶다.

가정교회, 왜 실패할까,
그리고 우리는 무엇을 해야하나

이번 글은 아래와 같은 그리스도인들을 위해 준비했습니다.

- 실패한 가정교회에 몸담았던 사람들
- 새로 가정교회를 시작하고 싶은 사람들
- 가정교회에 들어가 좀 더 나은 그리스도인의 삶을 살고 싶은 사람들

．．．．．．．．．．．．．．．．．．

　그리스도인으로서 우리가 하는 모든 일들은 -설교, 성경공부, 텔
레비전과 라디오 방송 등- 다음 한 가지를 전제로 한다. : "노력만 한
다면 우리는 얼마든지 훌륭한 그리스도인이 될 수 있다."
　이것이야말로 우리 그리스도인들이 범하는 가장 큰 오류이다.

··················

　여러분이 누구인지, 얼마나 존경받는지, 얼마나 신령한 사람으로 여겨지는지, 그리고 얼마나 환영받는 사람인지와 상관없이, 여러분과 나는 거듭 영적으로 실패해온 것이 사실이다. 그렇지 않은가!

　심령이 **가난한** 사람은 복이 있나니.

．．．．．．．．．．．．．．．．．

　우리 한 사람, 한 사람이 영적인 실패자임을 알게 되는 바로 그날,
우리는 비로소 1세기 그리스도인들이 했던 그것을 실천할 수 있다.
무엇? 영적으로 가련한 사람들이, 필사적으로 서로를 부둥켜안은
채, 한 몸을 이루어, 비틀비틀 그리스도 앞으로 나아갔던 바로 그 삶!
　그것을 교회생활이라 부른다.

제1장. 가정교회에 대해 배웠던 첫 교훈

....

나는 미국에서 매우 조심스럽게 시작된 첫 번째 가정모임에 참석하고 있었다. 무엇보다 거기 있던 우리들은 보통사람들이 교회라고 부르는 것과는 전혀 다른 경험으로 접어들고 있었다. 지금껏 교회의 영토라고 여겨지지 않았던 어떤 영역으로 발을 들여놓고 있었던 것이다.

그리스도인들이 가정에서 모이게 될 때 다양한 곤경에 처하게 될 거라는 사실과 생존 그 자체가 **쉽지 않다**는 사실을 나는 그때 이미 알고 있었다. 우리는 가정모임이 교회의 폐단을 해결할 수 있는 만병통치약이 아니라는 것을 인지하고 있었다. 가정집 거실로 모임장소를 옮겼다는 사실 자체는 우리의 새로운 여정에 있어 매우 사소한 부분에 해당하는 것이었다. 그때 우리가 품었던 목적은-지금 역시 마찬가지지만-1세기교회의 향기와 그 실제모습을 되찾는 것이었다. 우리 뒤를 따라 가정모임을 시작하는 사람들은 모임의 장소를 가정으로 옮기는 것 자체를 이 운동의 목적으로 삼는듯하였고 모든 문제를 해결할 열쇠로 보는 것 같았다. 어떤 면에서 가정모임은 기존의 전통적인 교회와 별반 다를 것이 없어 보인다. 교회건물 속에 놓여있던 평신도석이 가정집 소파로 바뀐 것이 그렇게 큰 대수이겠는가! 그럼에도 불구하고 이 작은 변화는 지난 수세기동안 시도되었던 가장 큰 모험중의 하나가 아닐 수 없다. 우리는 모임의 장소를 가정집 거실로 옮기면서 단 하나의 목적을 품고 있었다. : 곧, 하나님의 눈에 진짜 교회로 보이는 그 교회를 회복하는 것. 그 교회가 사람의 생각이 아닌 하나님의 계시로 성취되는 현장을 목격하는 것. 그리고 예수 그리스도께서 모든 것의 중심으로 다시 돌아오는 그날을 맞이하는 것.

나는 그전에 이미 아시아, 남미, 북아프리카와 유럽의 가정모임들을 방문한 경험이 있었다. 그때 내가 만나서 대화했던 분들은 두 눈을 동그랗게 뜨고 질문을 쏟아내는 한 젊은이로 하여금 현실을 직시하도록 일깨워주었다. 그렇게 가정모임에서 만나게 될 많은 문제들을 나는 사전에 배울 수 있었다.

가정교회를 시작하며 우리가 만나게 될 문제들을 한마디로 압축하면 이렇다. : "가정교회를 시작하는 것"은 판도라의 상자를 여는 것이다!

내가 목격한 바, 가정교회는 5년 이상을 생존하는 경우가 드물다. 무엇보다 그 생존의 열쇠가 가정교회 지도자의 지도력에 있지 않다. 방법이나 비전, 계시에 달려있는 것도 아니다. 다만 한 가지, 그리스도와의 만남에 있다.

오랫동안 살아남는 가정교회는 극히 드물다. 교회건물, 평신도석, 목사가 있는 전통교회는 **영원히 지속되겠지만** 가정교회는 기껏해야 몇 년 생존하다 자멸한다. 쉽게 소멸되지 않는 가정교회가 있다면, 그것은 가정집으로 모임의 장소를 옮긴 뒤에도 실제로 전통교회의 관행 그대로를 유지하는 교회들이다.

그럼에도 가정교회는 실제로 작동할 수 있다. 아름답고 혁명에 가까운 결과를 이끌어낼 수도 있다. 사실 가정교회는 여러분 깊은 곳에서 사모해오던 바로 그 교회가 될 수 있다. 하지만 절대로 불가한 일이 있다. 가정교회가 취하는 급진적인 방식들과 전통적인 방식들을 적당히 혼합하는 것이다. 실패를 맛보는 가정교회들의 수가 천문학적이라는 사실을 애써 외면할 필요도 없다. 다만 우리는 사람들이 피상적으로 다가가는 그 방식들과 다르게 접근해야 한다.

　　가정교회에 대한 어설픈 지식은 **위험한 정도에 머물지 않는다.** 그것은 치명적인 상처를 유발한다.

　　사람들이 현재 가정교회에 접근하는 방식을 다음 한 문장으로 표현할 수 있다. : "이거 괜찮은 방법이군. 한번 시도해볼까!"

　　가정교회를 시작하기 전에 먼저 아름답게 세워져가는 가정교회를 방문하여 사전경험을 쌓는 이들은 극히 드물다.

　　가정교회에 대한 이런 가벼운 접근은, "뇌수술? 그거 꽤 괜찮은 아이디어군. 한번 시도해보세." 라고 말하는 것과 다르지 않다. 형제 여러분. 인간이란 종족이 어떤 존재인지를 유념하시라. 여러분의 그 가볍고 오만한 행동으로 인해 깨어지고 무너질 사람들은 다름 아닌 주님 예수 그리스도의 몸을 구성하는 사람들이다.

　　모든 운동마다 나름의 구호가 있는 것처럼 가정교회 역시 하나의 구호가 필요하다. : "이곳에 들어오려거든 위험을 각오하십시오!"

　　지난 10여 년간 우리 가정교회들의 모습은 어떠했는가?

그들은 교회빌딩의 주일아침 11시모임을 가정집 거실로 그대로 들여왔다. 그것이 가정교회인가? 스스로를 리더라고 생각하는 한 사람에 의해 제도권교회의 주일아침 모임과 다를 바 없는 의식이 가정집 거실에서 그대로 진행되어왔다.

미국의 가정교회 중 **20년 이상** 지속된 모임은 열 손가락에 꼽을 정도이다. (어쩌면 다섯 손가락!) 그조차도 대부분은 기존 교회 빌딩 안에서의 의식을 가정집 거실로 옮겨놓은 모임들이다!

가정교회가 실패하는 이유는 사실 한 가지 이유에 기인한다. 가정교회에 뛰어드는 것을 너무 가볍게 생각하는 그 관점이 문제이다. 그토록 위험한 관점으로 시작된 모임이 성공적으로 지속된다는 것은 극히 어려운 일이다. 한마디로 가정교회를 시작하는 사람들 스스로가 지금 무슨 일에 뛰어들고 있는지를 전혀 모르고 있다. 그들의 무지가 하나님의 백성들에게 어떤 위해를 가할지에 대해서도 생각이 없다. 교회생활에 대한 사전경험도 **없이** 시작하는 가정교회는 그토록 위험하다. 전통교회 안에서의 통제가 사라져버린 가정교회에 들어왔을 때, 그들은 그 대가로 무엇을 지불해야 할지도 모르고 있다.

풍부한 **사전 준비**, 풍부한 **사전경험**이 절대적으로 필요하다.

벽돌로 지어진 교회건물, 설교단, 그리고 그 설교단보다 조금 낮은 평신도석에서 하염없이 듣기만 하던 사람들이 서로서로를 실제로 알아가는 교회생활, 서로 친밀한 교제를 나누는 그 삶 속으로 들어온다는 것은 결코 이해하기 쉬운 일이 아니다. 사람들이 서로 몸을 부딪칠 때 튀어 오를 그 불꽃을 그려보시라! 한 가정교회에 속한 이들이 그 안에서 발생하는 최소 50% 이상의 문제들에 서로 깊이 개입하면서 그것들을 함께 극복해나가는 광경을 그려보시라! 내가 한 마디 덧붙이자면 그것이 바로 **공동체**이다. "교회생활"이 의미하는 바가 바로 그것이다. "그리스도인들이 서로를 깊이 알아간다"고 말할 때의 실제 의미가 바로 그것이다.

오늘날의 가정교회 안에, 이렇게 서로를 깊이 알아가면서 부딪힐 문제들에 대응할 힘이 있을까? 그들이 과연 이 상황에 준비되어 있을까?

그 대답은 분명하다. : "전혀!" 혹은 "제로"가 그 솔직한 대답이다.

우리의 가정교회가 실패할 확률을 우리는 지나치게 과소평가하고 있다.

공동체

공동체가 무엇인지를 설명할 지식이나 그 경험을 제공할만한 자원을 복음주의기독교는 가지고 있지 않다. 서로를 깊이 안다는 것이 무엇인지 그들이 실제로 이해하게 된다면 그들이 가지고 있던 그동안의 기독교세계관은 일대 혼란을 겪게 될 것이다.

이것이 놀라운가? 단지 같이 산다는 그 자체로 그렇게 큰 문제가 야기되는가? 이것을 기억하시라. : 개신교는 그것이 뭔지를 전혀 모르고 있을 뿐만 아니라 그것에 대해 전혀 준비되어 있지도 않다. 물론 제도권교회 안에도 해결책은 존재한다. 모든 신자들의 삶을 완벽히 통제하는 시스템을 작동시키는 것이다. 그리고 그 시스템 안에 "장로"를 두면 된다! 하지만 우리는 새로운 영역을 찾아 나선 사람들 아닌가! 지역교회에 속한 한 사람의 리더십에 복종하는 것은 지난 세월동안 많은 사람들에게 너무 많은 상처를 안겨왔고 그 결과는 참혹하기 이를 데 없다.

서로를 깊이 알아가는 것은 위험하다. 그리스도인들이 이 **친밀함**으로 교회의 기초를 놓기까지는 수 세대, 어쩌면 수세기의 시간이 필요할지도 모른다.

복음주의기독교가 공동체를 이해하는 수준을 인류역사의 시간대에 비한다면 아마도 바퀴가 발명되기 그 **이전** 단계에 머물고 있을 것이다. 가정교회운동 안에 속한 사람들 역시도 "서로를 깊이 안다는 것"과 관련하여 특별한 느낌을 가지고 있지 않다. 가정교회운동의 추이를 살펴보면 그리스도인들이 전통교회의 규범을 벗어나는 것 자체가 얼마나 엄청난 결과를 초래하는지조차 전혀 모르고 있는 것 같다.

가정교회를 시작하겠다고?

"그렇습니다. 나는 준비된 사람입니다! 나는 가정교회를 방문한 적이 있습니다. 나는 가정교회를 한차례 이끈 경험도 있습니다. 가정교회개척과 관련한 주말세미나에도 참석한 적이 있습니다."

누군가 이렇게 주장하는 사람이 있다면 다음과 같이 물어보라. : "그렇다면 그 성공사례를 들려주십시오. 그 교회들 중 얼마나 많은 교회들이 아직도 살아있습니까? 권위를 남용하진 않았습니까? 누군가를 그 모임 밖으로 내치지는 않았습니까?"

"아니면 어떤 이유에선가, 당신이 그 모임에서 내쳐진 적은 없습니까?"

제2장. 오래 생존할 가정교회를 원하는가?

....

여러분에겐 **사전경험**이 필요하다. 갈등으로 갈라진 적이 **없는** 가정교회에서의 사전경험!

여러분의 비전이나 꿈, 여러분이 습득한 성경구절, 여러분이 품고 있는 위대한 생각들이 결코 그 경험을 대신할 수 없다.

그보다 좀 더 나은 방법도 있다. : 실제로 교회생활을 경험한 교회 개척자 밑에서 제대로 훈련받는 것! 그럴 수만 있다면, 그것은 굉장한 일이 아닐 수 없다.

가정교회방문

훌륭히 세워져가는 가정교회를 방문하는 것이 좋다. 그들 속에 들어가 그들을 지켜보라. 그리고 질문하라. 그들은 여러분 곁에 친절히 다가와 말해줄 것이다. : "이것은 쉽지 않아요! 직접 겪어보셔야 해요. 도움을 받으셔야 할 거예요. 많은 부분에." 그들은 또 이렇게 말할 것이다. "우리는 이제 다른 모임엔 갈 수 없을 것 같아요!" "저희는 주님을 그런 방식으로 배우지 않았답니다."

여러분은 이 완전히 새로운 영역에 미처 적응할 준비가 되어있지 않을 것이다. 목회를 한다는 것은 쉬운 일이 아니다. 하지만 한 가정교회를 성숙한 단계로 이끄는 것에 비하면 그것은 아무것도 아니다. 살아있는 **그리스도인 공동체** 속에 들어가 여러분 자신이 어떤 존재인지 발견할 때까지 거기 머무시라!

가정교회를 시작하는 당신에게 사람들은 뭔가를 기대한다.
하지만 당신은 그것이 뭔지를 모른다!

가정모임 안에서 사람들은 서로 서로를 깊이 알아가게 된다. 당연히 그 사람들은 **당신**에 대해서도 깊이 알게 될 것이다. 전통교회에선 좀처럼 드문 일이다. 전통교회 안에서, 목사들은 그저 두리뭉실하게 말할 것이다. : "많은 사람들이 마음의 상처를 안고 이 자리에 왔습니다." 그러나 가정교회 안에선 절반 이상이 **당신**에게 상처받게 된다. 그러므로 가정교회는 **거대한** 묘지이다. 깨어지는 가정교회들을 뒤덮고 있는 것은 다름 아닌 상한 감정들이다. 해결책은 없는가? 아니다. 존재한다. 하지만 여러분의 복음주의적 사고방식 안에서는 좀처럼 그 해결책이 보이지 않을 것이다.

준비되지 않은 사람들이 가정교회를 일으켜 세우는 것은 고등학생이 뇌수술을 시도하여 성공할 확률에도 미치지 못한다. 여러분이 소유한 복음주의적 배경은 이 문제를 푸는데 거의 무용지물이다.

과연 누가, 매주, 1년 열두 달, 365일 …언제까지 지속될지도 알 수 없는 그 삐죽거림, 상한 감정, 무성한 소문, 빈정거림, 험담들을 다룰 수 있겠는가?

준비되지 않은 상태에서 맞이하는 비극, 즉 가정교회가 깨어지면서 겪게 되는 그 상처는 사람들의 평생을 **파괴**할 수도 있다.

공동체에 몸담아본 경험이 없는 사람들이 이 모험 속에 뛰어들어선 안 된다. 문제, 위기, 위험, 그리고 기쁨들이 그리스도인공동체 속에서 흘러나온다. 그 과정을 통과하는 것은 결코 유유자적할만한 여정이 아닐 것이다.

> 경험으로 얻은 법칙: 최소 5년간, 리더가 아닌 평범한 지체로 공동체에서 살아본 경험이 없다면, 가정교회를 시작해선 안 된다. **이런 전제조건들이 지켜질 때, 그 가정교회가 지속될 수 있을 것이다!**

가정교회는 매 시간 옷을 갈아입는 특성이 있다. 지구상에서 매우 독특한 유형의 교회이다. 자고 일어나면 여러분이 속한 그 교회가 달라져 있을 것이다. 즉 동일한 인물이 매일 다르게 보일 것이며 겪게 되는 문제들 또한 매일 색다를 것이다.

교회역사를 연구해보라. 여러분의 눈에 또렷이 다가오는 사실이 하나 있을 것이다. : 그리스도인들은 서로를 죽이려는 경향이 있다! 이것은 중력의 법칙만큼이나 분명하다. 무르익지 않은 공동체에서 살아내는 과정은 여지없이 그 사실을 깨우쳐줄 것이다. 그 안에서 일어남직한 일들의 목록을 내가 미리 작성해 드리겠다.

실제로 일어날 사건들의 목록

이 목록이 여러분에게 도움이 되길 바란다. 이 목록에 언급되는 그 일들을 여러분이 분명히 경험하게 될 것이라고 나는 믿는다. 한 그룹이 가정교회로 모이는 첫날, 큰 소리로 이 목록을 낭독하라.

- 대부분의 가정교회들이 험담, 소문, 상한 감정, 차가운 태도, 배반, 비난, 음모, 불화, 파벌, 비판, 반목, 논쟁, 고함, 고소 고발, 위협 등으로 막을 내린다.
- 법적인 소송
- 교리적인 불일치로 험한 말을 쏟아내며 대립함
- 지금까지 내가 언급한 것은 매우 신사적인 그리스도인들이 하는 일들만 요약했다. 잠시만 기다리라. 여러분은 고집 센 사람들, 지배욕이 강한 사람들, 밀어붙이는 사람들, 모임을 지배해보려는 **방문자**들을 만나게 될 것이다.
- 여러분은 곧 방 안에 있는 모든 사람들이 정신병자임을 발견할 것이다. (물론, **여러분**도 그 안에 포함된다!) 과장된 표현이라고? 그렇게 생각한다면 "**성숙한** 가정교회", 즉, 4년 이상 생존하면서 그 과정을 모두 겪었던 교회를 방문해보라. 그리고 **그들에게 물어보라.**
- 우리는 도무지 영적인 체질에 맞지 않는 사람들이다! 이 말을 재해석하면 이렇다 : 우리는 영적인 일들과 십자가에 알레르기를 가진 존재들이다.

사람 안에 존재하는 …괴이한 특징들

가정교회를 지도하는 한 목사와 대화하면서 내가 그에게 이렇게 말했다. : "정신과 치료가 필요한 약 이십 명의 성인들이 우리 모임에 나오고 있습니다." 그랬더니 그가 웃으며 반응했다. "그렇군요. 우리는 **다섯 명** 중 한명 꼴로 그렇습니다!"

내가 가정교회에 나오는 모든 사람들에게 전하고 싶은 한 문장이 있다. : "여러분은 실패를 과소평가하고 있다. 사람들 안에 숨어있는 아주 괴이한 특성들을 여러분은 모르고 있다!" 그렇다. 그것은 그리스도인이라고 예외가 아니다. …그리고 당신 역시도!

여러분의 기대치를 낮추시라.

해결책이 있다

여러분이 다음 페이지를 넘기기 전에 한 가지 해결책을 제시하겠다. 큰 수고 없이 얻을 수 있는 해결책이다. : 사람들이 서로를 깊이 알 수 **없도록** …그리고 **여러분** 자신을 알 수 **없도록** 차단하라. 다시 말하겠다. : 정해진 시간에 모임을 시작하고, 성경을 가르친 다음, 바로 그 "의식"을 끝내라. 그리고 모든 사람들을 즉시 집으로 돌려보내라.

그것이 바로 해결책이다. 또 하나가 있을 수 있다. :

가능한 빨리 교회 건물을 지을 자금을 조성하라.

제3장. 효력 없는 방식들

．．．．．．．．．．．．．．．．

가정교회 모임 강사로 나는 수많은 가정교회들을 만나보았다. 그러나 실제로, 정해진 강의시간보다 점심시간에 주어지는 비형식적인 만남이 더 유익했다. 격의 없는 분위기 속에서 나는 참석한 이들의 실제 사정에 대해 들을 수 있었다. 지구 어디에나 사람들이 맞이하는 문제들에는 일관된 특성이 있다. 모두가 상처로 인한 후유증을 앓고 있다!

특별히 **실패한** 가정교회에 몸담았던 이들의 후유증은 심각하다.

"그 **사람**만 아니었다면 우린 잘 해냈을 거예요." …(그 사람의 이름을 '존'이라 해보자.)

그렇지 않다! 이 사람 존은 전체 인류의 축소판이다! 이 사람 존은 지구상 모든 가정교회 구성원 중의 한 사람이다. 특별히 이 사람은 가정교회 안에서 자신의 임무를 가장 충실히 수행하는 경향이 있다. (무엇보다 이 사람 존이 당신일 가능성도 농후하다.)

해결책은?

여러분이 짐작해본 바도 없는 방법, 지금까지 취했던 방식보다 훨씬 더 나은 접근방식이 필요하다. 전혀 다른 차원의 생존방식이 있다. 내가 말씀드리는 것은, "아하! 그 문제 말입니까? 우리는 좋은 방법을 알고 있습니다. … 모임 가운데 악한 영을 쫓아내야 합니다." … 이런 식의 해결책을 말씀드리는 것이 아니다. (한 가정교회의 리더가 이렇게 강조하는 말을 들은 적이 있다. "우리가 그 **해결책**을 가지고 있습니다. 우리는 결코 분열을 겪지 않습니다. 우리는 끊임없이 서로 간의 사랑을 강조합니다. 그것이 열쇠입니다!" 그로부터 2년 후, 그 교회는 깨어져 공중분해 되었다. 우리가 귀담아 들어야 할 속담이 있다. : "말로는 무슨 일을 못하랴!") 수많은 만병통치약이 존재한다. 하지만 지금 나는 복음주의권 안에서 **알려지지 않은** 어떤 방식을 말씀드리고 있다. (그 전에, 내가 여러분에게 말씀드릴 것이 있다. 전통적인 교회들이 가지고 있는 그 자원과 기능들을 과소평가하지 마시라. 일반적으로 그렇고 그런 가정교회들은 제도권교회의 주일아침 11시 예배보다 더 진부한 경우가 드물지 않다. 실제로 지구상에서 가장 따분한 모임이 있다면 그것은 생명의 불꽃이 꺼져버린 가정교회일 것이다. 그것은 거의 가톨릭의 미사만큼이나 진부하다.)

폼페이최후의 날을 연상시키는 가정교회 최후의 날

가정집 거실에 **처음** 모여 앉은 **그 날**, 사람들은 뭘 해야 할지를 몰라 당황하게 된다.

사람들은 서로의 얼굴을 멀뚱멀뚱 쳐다본다. 간신히 부르는 찬송은 고통이 된다. 나눔과 권면은 민망스럽거나 아예 존재하지 않거나 아니면 말할 수 없이 가볍다. 누군가 성경공부를 시작한다. 그 내용이 무엇이든 결국 그것은 다음 한 가지 결론으로 끝난다. : "성경말씀이 이러하니 …여러분도 그것을 행하시오!"

어떤 방식을 취하든 진부하긴 마찬가지다. 이런 가정교회는 점차 그 생명이 시들어갈 것이다.

불행하게도, 가정교회가 깨어지는 그 마지막 날에 등장하는 단어들을 들어보라. : "교회질서" "출교" "배교" "마귀"

다시 강조하는 한 마디 : 사전준비!

너무 성급하게 시작하지 말 것을 다시 한번 당부한다. 시작하기 전에 먼저 준비기간을 충분히 가지시라. 가능한 많이!

가정교회의 생명을 건질 수도 있는 아주 고상한 관점이 있다. 가정교회를 시작하고자 한다면 (또는 그 일원이 되고자 한다면), 이것을 여러분의 신조로 품으라. : "내가 만나는 사람들은 그리스도인의 삶을 살 수 없는 이들이다. 우리 모두는 훌륭한 그리스도인이 될 가능성이 아예 없는 사람들이다. 우리는 실패하게 되어있다."

이것이야말로 획기적인 관점이 아닐 수 없다.

더 이상 기대하지 마시라. 주님 예수 그리스도의 교회는 실패자들, 패배자들, 부적응한 사람들의 집합소이다. 무뚝뚝한 사람, 투덜거리는 사람, 불만이 떠나지 않는 사람, 불평에 일가견이 있는 사람, 실패를 전문으로 하는 사람들의 일터이다. 우리는 그런 것들에 익숙하다. 여러분이 함께하는 그 사람들은 그리스도인의 삶이나 성경구절이 요구하는 삶에 미치지 못할 사람들이다.

그것을 잊지 마시라. 그 사람들은 어떻게 그리스도와 동행하는지에 대해서도 문외한이다. 무엇보다, 그들에게 "실제로" 그리스도인이 되라고 종용하면 그들은 기겁할 것이다. 종교적이고 영적인 모든 일에 그들은 알레르기를 일으킨다.

여러분이 속한 그룹이 다름 아닌 바로 그 그룹이다. 여러분이 인식하고 있든 그렇지 못하든, 여러분이 속해있는 그 그룹은 바로 그런 부류의 사람들이다.

그 사람들이 바로 여러분이 만나게 될 사람들이다. 여러분은 하나님의 백성들을 성공적인 그리스도인이 되도록 도울 수 없다.

그들로 하여금 그리스도인의 삶을 살도록 강제할 수 없다. 그들을 이끄는 그 리더 역시도 그리스도인의 삶을 사는데 실패할 것이다. 그리고 가정교회를 일으켜 세우려는 그 계획도 성공하지 못할 것이다.

충격적인가? 하지만 이것이야말로 여러분이 견지해야 할 가장 고상한 관점이 될 것이다.

고린도교회에는 근친상간, 간음, 분쟁, 험담, 형제간의 법적소송은 물론 성찬식에 술 취하는 사람까지 있었다. 여러분은 여러분이 만나는 그리스도인들에게 이보다 더 나은 어떤 것을 원하는가?

여기 한 가지 해결책이 있다. 그것은 매우 현실적인 기반이 될 것이다.

이제 그 최선의 해결책으로 곧장 들어가 보자.

실패자들의 회합

당신의 가정에서 모이기로 작정한 사람들에게 정 반대의 개념으로 접근해보라.

여러분 모두가 결국은 실패하고 말 것이라는 전제에 동의하고 나서 함께 모이는 것은 어떨까!

(우리는 그렇게 하고 있다. 그리고 그것은 효력을 발한다!!)

사람들에게 기쁨이 생겨날 것이다. 어떤 색다른 영성이 거기서 흘러나올 것이다. : "좋아, 우리는 실패할거야. 그러니 서로를 실패하게 만들자!"

기억하시라. 여러분의 모임에 나오는 상당수의 사람들이 그들에게 할당된 지시와 명령, 즉 "이것이 당신이 해야 할 일입니다."라는 그리스도인으로서의 책임을 가지고 지금까지 살아왔다. 그럼에도 불구하고 뭔가가 잘못되어 있다는 것을 그들은 느끼고 있다. 무엇을 느끼고 있다는 말인가? 이 가련한 사람들은 자신들이 **성공적인 그리스도인의 삶**을 살아낼 수 없다는 사실을 이미 체험하고 있다.

로마서 7장에 나오는 바울의 자서전적인 고백을 읽어보라.

그는 유대인의 삶, 유대인의 율법, 모세의 명령, 장로들의 유전, 규례와 규칙을 지키는데 완전히 실패했다. 우리가 아무리 애써도 성공적인 그리스도인의 기준에 이르지 못하는 딱 그만큼 바울은 성공적인 모세의 제자로 사는데 실패했다.

로마서 7장을 다시 읽어보라. 거기서 바울이 언급하는 "율법"이라는 말 대신에 "그리스도인의 삶"이라는 용어를 그 자리에 집어

넣어 읽어보라. 눈이 열릴 것이다. 바울은 이렇게 끝맺는다. "아! 나는 비참한 사람입니다." 그리고 그 다음 문장이 해답으로 주어지고 있다!

가정모임에 대한 괴상한 접근방식이 가져오는 의외의 결과

이 뒤집힌 접근방식을 실제로 선택해보라. 모임에 나오는 그리스도인들이 편안해지는 것을 보게 될 것이다. 그들은 점차, 한 사람의 리더나 다른 사람들의 시선에 의해 그들에게 부여되어왔던 엄청난 량의 기대치에서 벗어나 자유로워진 스스로를 보게 될 것이다. 놀랍게도 사람들은 서로를 즐기기 시작할 것이다. 이 사실을 주목하라. 그들은 지금 **교회를** 즐기기 시작한 것이다!

이 모든 긍정적인 변화에도 불구하고, 그 방안에 있는 사람들은 여전히 인간 유전자 속에 잠들어있는 그 괴이한 습성들을 과소평가하고 있을 것이다. 분명히 그렇다! 거기 있는 사람들 누구도 다른 사람과 한 몸을 이루기가 쉽지 않은 사람들이다.

바로 그 **지점에서 시작하라.** 그것이 여러분의 유일한 희망이다.

여러분은 매년 지금 읽고 있는 이 단원을 다시 소리 내어 읽어야 할 것이다. (그리고 깨어져야 하는데도 매년 깨어지지 않는 모임을 바라보며 웃음소리가 커질 것이다.)

그리스도인의 삶에 접근하는 괴상한 방식?

그렇다. 그것은 효력을 발하기 시작할 것이다!

로마서 7장의 씨름 후에, 바울은 영광을 맞이할 준비를 갖추고 있다. 우리 모두 역시 그렇게 될 것이다.

> 교회생활의 비결은 실패하지 **않으려고** 애쓰지 않는 것이다.
> 여러분 자신의 삶속에, 그리고 다른 하나님 백성들의 삶 가
> 운데 실패할 수 있다는 기대를 심는 것이다. (실패를 피하려
> 는 자세를 피하시라!)

"아, 우리는 그것에 실패한다!"가 모든 가정교회들의 모토로 적합하다. 내가 함께했던 가정교회들은 얼렁뚱땅 살면서도 에클레시아 안에 만연한 기쁨을 잃지 않았다. 그리스도인의 자유를 포기하지 않는 사람들, 그 자유를 **빼앗기지** 않는 이들에 대한 깊은 이해가 바로 거기에서 흘러나온다.

제4장. 예상치 못한 문제

....

우리는 이제 대부분의 사람들이 개입하지 않으려는 주제로 들어서고 있다. 어쩌면 생각하는 것조차 꺼릴지도 모른다.

다름 아닌 성경을 둘러싸고 전개되는 문제들이다! 아니 적어도 겉으로 볼 때는 성경과 관련된 문제처럼 보인다.

많은 가정교회들이 "지나치게 신약성경적인 교회"가 되려다가 실패를 맞이한다. ("지나치게 신약성경적"이란 말을 되뇌어보라.)

다시 말하면, 가정교회는 지나치게 성경적이다.

이쯤에서 너무 충격 받지 마시라.

성경적인 그리스도인, 성경적인 교회가 되기 위해 성경에 접근하는 새로운 방식이 우리에게 필요하다. 즉 지금보다 더 나은 성경공부 방식이 있어야 한다. 왜 그런가? 우리의 성경공부 방식이 비성경적이기 때문이다. 감히 분명하게 말씀드릴 수 있는 한 가지 사실은 이것이다 : 성경공부라는 이름으로 전개되는 모든 시도들은 사실 그리스도인들에게 죽음을 선물한다.

곧장 핵심으로 들어가 보자. : 성경공부와 관련된 근사한 아이디어들은 대략 1880년대에 조성된 한 가지 틀에 의존한다. 즉 그때 형성된 성경학교들의 성경공부 방식이 여전히 우리 시대를 장악하고 있다. 문제는 이 방식들이 핵심적인 내용들을 너무 많이 생략한 나머지 오늘 우리는 대체 무엇이 빠져있는지조차 모를 만큼 혼란스러운 상태이다.

여러분이 바로 이 **"신약성경적인"** 방식들을 따른다고 생각해보라. 최소한 신약성경의 절반을 잃어버리게 될 것이다. 예를 들면 … 공동체! 개인이 아닌 '몸'으로 추구하는 그리스도! 교회개척자! 교회개척자가가 한 지역교회를 일으켜 세우는데 걸리는 시간! 오늘 우리의 모임과 송두리째 다른 신약성경교회들의 모임방식! 사역자들의 훈련방식과 그 과정…! (이 '사역자훈련방식'은 예수 그리스도께서 그분의 제자들을 훈련시켰던 방식을 말하는 것이 아니다. 주님의 승천 이후, 누구에 의해, 어떤 사람들이, 어떻게 훈련받았는지를 말한다.) 이와 같은 성경의 핵심적인 내용들이 성경 '구절'을 뽑아내어 그 의미를 연구하는 성공공부 방식 안에 포함되어있는가? 지난 100여 년 동안, 성경에 접근하는 방식은 바로 이 한 가지의 틀에 제한되어왔다

두 번째, 이 모든 성경공부 방식들은 도무지 실행 불가능한 한 가지 사실을 그 전제로 둔다.: "신약성경이 무엇을 말하는지 배우라. 그리고 그 말씀에 복종하라. 그것이 당신에게 필요한 모든 것이다. 이제 됐다. 신학교에서 3년 동안 그 말씀을 배웠으면 족하다. 그만하면 훌륭하다. 이제 당신은 지도자다"

그다음 여러분은 그 말씀대로 살아보려 고군분투하지만 결국 하나님께서 여러분에게 요구하시는 그 엄청난 기대에 거듭 실패하는

자신을 보게 될 것이다. 이와 같은 성경공부는 결국 그리스도인들을 파괴해버린다.

그러나 여전히 신약성경 안에 그 해답이 있다고 믿는 여러분은 혹시 성경에서 놓친 것은 없을까, 더 절실히 성경을 살핀다. 그럼에도 그 답은 거기서 나오지 않는다. 그리고 여러분은 더 깊은 좌절 속에 빠지게 된다. 이쯤 되면 어떨까? 여러분이 성경에서 답을 찾는 것을 포기할까? 그렇지 않다. 여전히 신약성경 어디쯤엔가 그 답이 숨어있을 거라고 확신하고 있다. (그럴 때는 로마서 7장을 다시 읽어보라.)

그때 여러분에게 성경을 가르쳤던 그 선생이 다가와 여러분을 위로할지도 모른다. 무슨 위로? : "사실은 나도 실패했습니다." "나도 그 말씀에 순종하지 못하고 있습니다." "나도 내 기도에 응답받지 못하고 있습니다." "내 아내와 나는 사실 이혼위기에 있습니다." "솔직히 자살까지도 생각할 때가 있습니다." "나는 아무래도 치료가 필요한 것 같습니다. 뭔가 잘못되어 있습니다."

성경공부? 그로 인한 믿음의 승리? 성경을 가르치는 교사들은 감히 그것을 믿는다. 뭔가 분명히 잘못되어 있다.

지금 내가 말씀드린 것들은 실제로 전 세계에 만연된 현상이다.

하지만 어느 누구도 이 사실을 인정하지 않는다! 결국 "성경 속에 답이 있다"는 그 전제, 즉 "말씀 속으로 들어가라." "해답은 성경 속에 있다."는 그 믿음을 포기할 수 없는 것이다.

현실적인 고발(告發)

세상은 성경을 **가르치고** 싶어 하는 그리스도인들로 차고 넘친다. 성경을 가르치는 것이 사람들의 우러름을 받는 동시 자존감을 확보하는 방식으로 인식되고 있기 때문이다. 성경을 가르치면서 사실은 자기만족을 향유하는 것이다. 표현이 민망하지만 사실이 그렇다. 그러나 성경공부는 그리스도인의 내면에서 변화를 이끌어내지 못한다.

그것은 그리스도께서 하시는 일이다. 다른 어떤 것도 효과가 없다.

내가 관찰한 바에 따르면, 세계적으로 도식화된 전통적인 성경공부방식은 신약성경의 핵심을 과감히 생략하고 있다. "하지만 성경구절이 아닌 그리스도에 집중하는 성경교사들도 있지 않습니까?"

이보시라. 만약 그가 성경구절이 아닌 그리스도에 집중하는 사람이라면, 성경을 가르치기보다 그리스도를 계시할 것이다. 비록 그것으로 인해 곤경에 처할지라도.

예수 그리스도, 그분이 중심에서 멀어지고 있다

"하지만 신약성경말씀을 공부하면서 그분을 중심에 모실 수도 있는 것 아닙니까?"

사실 그대로를 말씀드리겠다. 여러분이 성경을 공부하면 여러분은 **성경**을 중심에 놓게 된다. (그리스도가 아닌!)

또 하나! 도식화된 현재의 성경공부가 놓치고 있는 다른 하나는 바로 교회이다. **교회**가 중심에서 멀어지고 있다.

"우리 성경공부 모임에선 분명히 교회를 강조하는데요?!"

이보시라. 나는 지금까지 성경을 가르치는 교사들이 이렇게 말하는 것을 들어본 적이 없다. "우리는 지금 바울의 편지를 읽고 있습니다. 하지만 이 편지를 '교회생활'의 맥락이나 '그리스도인 공동체'를 배경에 두지 않는 한 우리와 아무 관련도 없습니다."

우리는 바울의 편지를 공부할 뿐 그의 편지를 받았던 그 교회들에 대해선 배우지 않는다. 우리가 진실로 성경을 믿고 가르치는 교사라면 …평신도석, 목사, 침묵을 지키며 앉아있는 신자들 …이런 교회에서 뚜벅뚜벅 걸어 나와야 마땅할 것이다. 그 어떤 것도 성경말씀으로 정당화될 수 없는 것들이기 때문이다!

그렇다면 가정교회 모임은 어떨까?

지난 주, 나는 참으로 아름다운 가정교회모임과 함께했다. 그것은 지금까지 내가 보고 들은 가정교회들 중 가장 아름다운 곳 중의 하나였다. 모임은 매우 거룩하고, 깊고, 따뜻했다. 그리고 매력이 있었다. 특별한 은총이 그곳에 머무는 것처럼 느껴졌다.

하지만 그곳에 …성경을 가르치고 싶어서 안달이 난 **한 사람**이 있었다. 그 모임의 성경교사가 되고 싶어 그는 아예 **메모장**을 가지고 그곳에 참석했다. 그 사람은 말씀을 나눌 때 마다 이런 말로 시작했다. "내가 이 특별한 단어의 정의를 찾아봤더니 그 의미가 …!!" 그렇게 모임이 이어졌고, 그 사람이 입을 열 때마다 모임의 흐름은 냉각되었다. 그야말로 "죽음의 항아리"였다.

이 모임의 무대를 다른 곳으로 옮겨보자.

즉 이 형제가 속한 모임을 특별한 예외상황으로 보지 말자는 말이다. 여러분이 속한 가정교회가 "성경 중심적인 교회"가 될 때, 여러분은 매주 소파에 앉아서 바로 이 사람으로부터 성경을 배워야 한다. 여러분은 여기저기서 골라낸 성경구절들을 다시 한 줄로 엮은 그 말씀들을 배우게 될 것이다. 그리고 그것들을 마치 "성경이 말하는 것"처럼 받아들이게 될 것이다. 지금까지 최소한 백 년 이상, 그러한 도식의 성경공부가 지속되어왔다.

어쨌든, 그렇게 4년 동안을, 가정교회 안에서, 성경말씀을 먹으며 살아보라. 성경말씀에 대한 기쁨이 완전 소진되어버릴 것이다. 그리고 죽음이 여러분을 덮칠 것이다.

그뿐만이 아니다. 그 성경말씀대로 살지 못한 좌절감이 여러분을 절망시킬 것이다. (분명히 알라. 그 말씀은 성경말씀이라기보다는 누군가가 성경에 대한 자신의 생각을 말한 것이다.) 이러한 관행들과 그로 인한 결핍이 지난 150년 가까이 우리를 덮쳐왔다.

성경공부가 놓친 또 다른 것들

바울이 썼던 편지들마다 복수형 단어, 복수형 호칭들이 차고 넘친다. "우리는", "우리에게", "여러분들, …! 지금까지 이 사실이 간과되었다. 그리고 그로 인한 폐단은 이루 말할 수 없다. 로마서 8장엔 83회의 복수형 단어가 언급되며 개인을 언급하는 경우는 단 2회뿐이다. 그럼에도 모든 성경공부는 …그리고 성경공부에서 가르치는 내용들은 한 개인의 경건생활에 적용되고 있다.

우리의 믿음생활은 '한 몸'으로 예수 그리스도를 좇는 삶이다. 개인적으로 예수그리스도를 따르는 신앙생활이란 1세기엔 존재하지도 않던 개념이었다. 개인에 대한 언급이 전혀 없는 것은 아니나 오순절 이후, 한 몸으로 …에클레시아 전체가 …예수 그리스도를 따르는 삶은 신약성경의 지배적인 분위기를 형성하고 있다.

여러분에게 요청한다. 아니 간청한다. 아니 사정하고 싶다. 성경공부에 들어가기 전에『유기적 성경공부 *Revolutionary Bible Study*』(대장간 역간)를 읽으시라. 이 책은 성경의 역사를 다루지 않는다. 성경공부에 대한 역사를 다룬다. 그것은 가히 충격적이다.

예수 그리스도를 중심에 두는 것과 성경공부를 중심에 두는 것 사이엔 미세한 차이가 존재한다. 하지만 그 미세한 차이가 생명과 죽음을 가른다.

"신약성경대로 하겠다."라는 말은 종국엔 "율법적으로 하겠다."라는 의미를 지닌다. 그것이 그 말의 실제적인 의미이다.

고린도교회가 안고 있던 문제들을 하나의 목록으로 만들어보라. 아주 긴 목록이 작성될 것이다. 고린도교회는 단 5년 만에 그 모든 문제들을 쌓아놓고 있었다! 그 문제들을 풀어낼 방법을 발견해보라. (그 모든 문제들이 단 한 교회에서 일어났던 문제들이다.)

바울은 그 방법을 찾아냈다.

혼란과 무질서 속에 빠진 고린도교회의 위기를 다루면서 바울은 지극히 온순했다. 그리고 관대했다. 그 험악한 교회의 문제들을 누가 다루고 있는지 보라. 자기 스스로 한 지역교회의 리더가 된 사역자가 다루고 있는가? 그 **교회** 안에 상주하는 사역자가 다루고 있는가? 그 것은 그 **교회** 밖에 있던 교회개척자, 바울이었다.

우리 중 대부분은 신약성경적인 교회가 되기로 결심한다. 하지만 실제로는 성경적인 교회가 된다기보다 어떤 **고집**이나 나름의 **규칙** 을 강조하는 교회가 되는 경우가 대부분이다. 하나님의 백성을 상대 한다는 것은 (즉, 교회 안에서 서로를 상대한다는 것은) 엄청난 은혜 와 인내, 그리고 **온유함**을 필요로 한다. 교회가 위기에 직면했을 때, 성경구절을 **뽑아내** 상대에게 들이미는 것은 지구상에서 제일 마지 막에 취해야 할 조치이다. ("너무 지나치게 신약성경적인 교회가 되 지 말라."고 말했을 때의 의미가 바로 이것이다. "성경적"이라는 말 이 실제 그대로 "성경적"인 의미를 지니는 경우는 극히 드물다. 성 경구절을 **뽑아내** 거기에 뭔가를 덧붙인 경우가 대부분이다. "성경구 절을 뽑아내는 이 행위"를 대체 언제까지 성경적인 접근으로 보아야 하는가?)

굳이 성경구절을 뽑아내야 한다면 그 말씀들이 기록된 연대순으 로 재배열할 것을 권한다. (바울의 편지를 연대순으로 놓으면 이렇 다. : 갈라디아서-데살로니가전서-데살로니가후서-고린도전서-고 린도후서-로마서-골로새서-에베소서-빌레몬서-빌립보서-디모데 전서-디도서-디모데후서.) 만약 누군가 뽑아낸 성경구절에 그에 맞 는 시간의 흐름과 상황을 부여한다면 그 구절들은 더 이상 사람을 공 격하는데 쓰이지 못할 것이다.

무엇보다, 교회개척자, 즉 교회 밖의 사역자에 대한 성경적 배경을 가르쳤던 성경공부가 지금까지 있었는가? 결코 없었다. 신약성경의 가장 핵심적인 인물임에도 우리가 해왔던 성경공부 안에선 그의 존재가 아예 눈에 들어오지도 않았다. 즉, 교회를 일으켜 세우고 불과 여섯 달 남짓 그들과 함께 한 후에 그 교회를 에클레시아 자신에게 위임하고 그곳을 떠나가는 하나님의 종! 그리고 1-2년 안엔 그 교회를 아예 방문하지도 않는 하나님의 사역자! 그가 빠져 있었다.

제5장. 정 반대의 문제

· · · · · · · · · · · · · · · · · ·

만약 여러분이 가정교회 안에 속해 있다면 여러분의 교회가 일치
와 연합을 이룰 가능성은 희박하다.

전혀 성경적인 근거 없이 전 세계에 만연되어있는 한 가지 신앙태
도가 있다. : "우리는 불신자처럼 행동해선 안 됩니다." "믿는 사람
답게 행동합시다." "다른 사람의 감정을 상하게 하지 맙시다." 그리
고 여러분이 모임 안에서 다루려는 어떤 문제가 그 모임 안의 누군가
와 조금이라도 연관되어 있다면 그 당사자는 모임 밖으로 걸어 나갈
것이다.

(이렇게 모임 안에 속한 누군가의 기분이 조금이라도 상할까봐 두
려움을 가진 태도와는 달리, '모임의 악당'을 가차 없이 내보내는 것
을 선호하는 그리스도인들도 있다.)

해결책은?

없다.

"평지풍파를 일으키지 말라! 우리는 그리스도인 아닌가!" 이것
이 성경적 근거 없이 전 세계에 뿌리내린 그리스도인들의 신앙태도
이다. 한 개인으로서의 그리스도인은 물론 한 교회가 취하는 태도 역
시 다를 바 없다. 그러나 여러분은 현실주의자가 될 필요가 있다. 그
렇지 않으면 죽는다! (이때 성경구절을 사용하는 것은 추천하고 싶지
않다. 왜냐하면 상대방은 여러분보다 더 좋은 성경구절을 알고 있기

때문이다!)

우리 그리스도인들은 "어떤 상황에서도" 평화적인 분위기를 유지하려는 태도를 취한다. 본능적으로 갈등상황에서 벗어나려 애쓴다.

여러분의 모임이 깨어질 위기에 처했을 때, 여러분에게 단 하나의 희망이 남아있다. 1세기 그리스도인들이 가지고 있던 희망, 그들의 안전장치, 그들의 해결책, 그리고 그들이 품고 있던 위대한 생존비결.

모임 **밖**에서 도움을 받아라. 그런 다음 그 갈등을 속히 끝내라.

실례

자. 여러분이 아주 멋지고, 평화로운 가정교회에 속해있다고 생각해보자. 새로운 가족들도 계속 들어오고 있다. 그래서 여러분 모두는 무척 고무되어있다. 하지만 머지않아 곧 "그 가정교회의 가정학습"이 시작될 것이다. 그 학습이 성경말씀 안에서만 이뤄진다고 생각하면 오산이다. 조금씩, 교회가 지향하는 방향이 변하기 시작할 것이다. 사람들도 점차 수동적이 되어갈 것이다. : "그리스도인답게 행동하라." "어떡해서든 교회의 평화를 유지해라." 형제들의 고군분투가 결국 문제들을 해결할 것이라는 전망은 이론적으론 가능하다. 하지만 갈등의 초기엔, 그리고 어떤 교회에서는, 결코 이 전망이 사실이 아니다. 여러분은 고대의 방식, 그리고 성경적인 방식이 필요하다. (비록 여러분이 참여했던 성경공부에선 배운 적이 없더라도!) 교

회 밖의 사역자, 이를테면 바울 같은, 그 **모임에 속하지 않은** 사람이 교회를 방문해 다시 원래의 방향으로, 즉 그녀의 신랑, 그리스도에게로 그녀를 되돌려놓는 것이 절실하다.

서로 다른 입장을 가진 두 그리스도인들 사이의 분쟁은 곧 두 진영으로 나뉠 수 있고, 그 두 진영은 …두 교회로 나뉠 수 있다. 그 전에 밖의 도움을 구하라.

모임 안의 문제가 간통일 경우엔? 더더욱, 아니 반드시 모임 밖의 사역자로부터 도움을 구하라. 그런 문제를 다루는 수많은 조언과 방식들이 존재해왔지만, 부디 나의 조언을 따르시라. 성경적인 방식이란 "우린 그리스도인답게 행동해야 합니다."라고 말하는 사람들 안에 존재하지 않는다. 그럼에도 불구하고 세계적으로 만연된 태도, 즉 "어떡해서라도 평화를 유지하라."는 비성경적인 가르침이 실제의 성경적인 가르침을 대신하고 있다. 여러분은 부디 성경적인 도움을 구하시라!!

스타일을 생각하라

교회 안에서의 연합과 일치에 있어서 문제는 성경적인 방식이 아니다. 중요한 것은 그 성경적인 방식을 취하는 여러분의 **취향**(스타일)이다.

'성경 안에서' 여러분의 마음에 드는 '방식'을 골라 그것을 따르는 것이 아니라, 다만 성경이 말하는 그 영적인 수준을 따르시라. 성경이 말하는 그 인내를 좇으시라. 성경이 말하는 그 영적인 패기를 쫓으시라. 그 공명정대함을, 그 열정을 따르시라. 그것이 성공과 실패를 가름할 것이다.

제 6장. 장로직과 교회의 위기상황

....

전 세계적으로, 수많은 가정교회들이 장로들의 리더십에 의존하고 있다. 사정이 그렇더라도 이것은 결코 바람직한 현상이라고 볼 수 없다. 여러분이 믿든 믿지 못하든 지역교회가 장로의 리더십에 이끌리는 것은 전혀 성경적이지 않다.

그렇다면 디모데전서와 디도서에 언급되는 장로직은 무엇인가? 두 편지는 장로들에게 보낸 것이 아니다. 교회개척자에게 보낸 편지이다! 성경에서, 교회가 직면한 위기를 다루는 사람은 장로가 아니다. 순회하는 교회개척자이다!

교회를 개척한 후 스스로 장로가 되어 교회를 이끄는 분들에게!

여러분의 경우엔 해결책이 없다. 여러분은 하나님으로부터 기름부음을 받은 것이 아니라 여러분 스스로 기름부음을 받았다. 1세기에, 교회의 모든 위기에 개입했던 사람은 그 지역교회를 떠나 거하던 순회교회개척자였다. 그러나 여러분의 경우는 교회개척자인 동시에 그 교회 안에 상주하는 리더이다. 여러분이 직면한 문제는 여러분의 '위치' 가 성경에서 그 유례를 찾아볼 수 없다는데 있다. 결국 여러분에겐 성경적인 해결책이 없다. (무엇보다 내가 관찰한 바에 따르면, 지역교회에 상주하면서 자위적으로 장로직에 오른 교회개척자들의 경우, 지역교회를 벗어나 사역하는 교회개척자를 알지도 못한다.)

여러분은 본능적으로 여러분 자신이 교회의 문제를 처리하도록 "지명된 사람"이라고 느낀다. 하지만, 여러분이 그 역할을 자임할 때마다 여러분은 백색 구슬을 잃든지, 흑색 구슬을 잃든지 둘 중 하나를 잃게 될 것이다. (누군가 모임에 들어오길 원할 때, 백색 구슬과 흑색 구슬로 승인 혹은 불허의 의사를 표시하는 그룹이 있었다.) 결국 여러분에겐 한 가지 색깔의 구슬만 남게 될 것이다. (한 지역교회가 직면한 문제를 그 교회에 속한 리더가, 더구나 그 교회를 개척한 장로가 다룰 경우, 결국 그 장로를 지지하는 사람들만 남게 될 거라는 의미이다. 역주.)

스스로 기름부음 받은 장로들이 잊지 말아야 할 것은 교회가 위기에 처했을 경우, 장로들이 어디에 서 있어야 할지를 밝히는 성경말씀에 주목하는 것이다. (『장로직을 다시 생각하다』를 참고하라.)

불행하게도 우리가 배웠던 성경공부 안에는 다음과 같은 사실들이 전혀 언급된 적이 없다.

위기에 처한 교회들-누가 그 위기를 다루고 있는가?

여기 위기에 처했던 신약성경 속의 교회들이 있다. 그때마다, 교회 밖의 사역자가 이 교회들의 위기에 개입했던 것은 몇 번이며 지역교회의 장로들이 직접 위기를 다뤘던 것은 몇 번인지 헤아려보라.

다음에 나오는 목록들은 교회들의 이름과 그 교회들에 보낸 바울의 편지이다. 그 서신이 기록된 연대순을 따랐다.

갈라디아서

바울이 세운 교회들 중에 제일 먼저 위기에 직면했던 교회들은 그가 갈라디아에 세운 네 교회였다. 누가 그 위기에 개입하여 문제를 처리해 나가고 있는가?

교회 밖에 머물던 교회개척자였다.

(혹독한 위기에 처한 이 갈라디아교회들에 보낸 편지, 갈라디아서에서 장로들에 대한 언급이 있는가? 단 한 차례도 없다.)

데살로니가

위기에 처한 두 번째 교회는 데살로니가교회였다. 역시 교회 밖에 머무는 사역자에 의해 그 위기가 다루어지고 있다. (데살로니가교회에 보낸 두 편의 편지가운데 장로에 대한 언급은 전혀 없다.)

고린도

위기에 직면한 세 번째 교회, 고린도교회를 보라. 누가 그 위기에 개입해 문제를 다루고 있는가? 교회 밖에 머물던 교회개척자이다.

(고린도교회에 보낸 두 편의 편지 가운데 장로에 대한 단 한 차례의 언급도 없다.)

로마

로마교회는 이제 갓 자리 잡은 신생교회이다. 이 교회에 보낸 편지 안에 장로에 대한 언급은 없다. 12, 13, 14장과 15장에서 바울은 로마교회가 장차 맞이할 위기에 대해 말하고 있다.

골로새, 에베소, 빌레몬

단 한 차례도 장로에 대한 언급이 없다.

빌립보

빌립보는 실제로 별다른 위기를 겪지 않았던 교회이다. 바울은 이 편지에서 의례적인 인사로 장로들을 잠깐 스치듯 언급한다. 그다음 곧바로 교회 안의 문제를 다룬다. (심지어 그 문제에 연루된 이들을 호명하기도 한다.)

디도에게 보낸 바울의 편지

디도는 크레타 섬 전역에 교회를 세웠지만 이 편지를 받을 때까지 어느 도시, 어느 교회에도 장로를 임명하지 않았다. (다시 한번 생각해보라. 지금까지 여러분이 참여했던 성경공부 시간에 이 교회개척자의 역할을 거론했던 적이 있는가? 또 오늘 우리로서는 믿을 수 없을 만큼 그 역할이 제한적이었던 장로들의 처신을 배운 적이 있는가?)

장로들의 역할이 그토록 제한적이었다면 교회의 문제는 누가 처리했을까? 교회 밖의 사역자가 그 해결책이었다. (『장로직을 다시 생각하다』를 참고하라.)

바로 여기, 성경에 기록된 그대로의 교회생활을 들여다보라.

이제 우리는 교회생활의 최고봉, 즉 교회생활의 영적인 영역 가운데 들어가 볼 참이다.

제7장. 교회생활의 영적인 측면

....

이제 교회의 영적인 측면을 말씀드릴 때가 되었다. 결국 이것이야 말로 모든 것의 열쇠이다. 깊은 영적인 삶은 그리스도인들에게 있어 그 마음에 가장 열망하는 바가 아닐 수 없다. 그런데 이 영적인 삶에 대해 말하고 논의할 때조차도 우리는 공동체영성이 아닌 한 개인 그리스도인의 영성에 초점을 두고 있다. 전통적인 교회가 우리에게 넘겨준 영적 토양은 이토록 척박하다.

우리에게 있어 그리스도인공동체로서의 영적인 삶, 즉, '한 몸'으로 그리스도를 추구하는 영성이란 존재하지도 않았다. 이것은 벌써 수 세기 동안 지속되어온 현상이다. 여러분은 "영적인 교회"를 원할 것이다. 하지만 여러분의 손에, 그리고 여러분의 경험 안에 이와 관련된 어떤 것이라도 있는지 확인해보라. 특별한 사람이 아니라면 내놓을 것이 "전무"할 것이다.

우리가 복음주의 사고방식을 가진 그리스도인들에게 설명하기도 힘들고 심어주기도 어려운 두 가지 개념이 있다. 하나는 그리스도인과 교회의 영적인 삶이고, 다른 하나는 공동체이다.

한 마디로, 교회는 영적인 생물 그 자체이다. 그것이 교회의 본질이다.

"기도하고 성경을 읽으십시오." … 이것은 영성이 아니다.

"믿음으로 사는 삶", "권능", "영적 전쟁", "가계에 흐르는 죄를

끊는 것" … 끊임없이 쏟아져 나왔다가 한때 유행하고 지금은 사라져버린 그 어떤 것들도 영성이 아니다. 복음주의 기독교 안의 영성은 텅 빈 곳간이다. 우리는 도움이 절실하다.

한 개인의 영적인 삶이나 교회의 영성은 우리가 애쓴다고 성취되는 어떤 행위가 아니다. 그것은 **그리스도와의 만남**과 깊은 관련이 있다. 영성은 **기도를 넘어선다.** 그 너머 저편 어딘가에 존재한다. 다른 무엇보다도, '영적인 삶'이란 여러분이나 내가 살 수 있는 어떤 삶이 아니다. 1세기의 영적인 삶이란 우선적으로 공동체적인 삶이었다. "나의 경건"에 먼저 초점을 두는 경향은 1세기엔 찾아보기 힘든 광경이었다. 교회가 살아남기를 원한다면 "한 몸"으로 그리스도를 추구하는 삶이 **절대적**으로 필요하다. 석기시대 사람에게 우주여행이 낯선 것만큼이나 지금 우리에겐 몸을 이뤄 그리스도를 좇는 삶이 낯설다! 그리스도를 알아가는 여정에서 여러분의 교회가 한 몸을 이뤄 그분을 추구하지 못한다거나 그러한 삶에 미치지 못하는 어떤 것에 만족한다면 차라리 전통적인 교회에 머무는 것이 더 나을지도 모른다. 만약 그리스도의 몸을 이룬 그 지체들이 단지 개인적으로 주님을 만나는 것에 그친다면, 그래서 한 몸으로 그분을 경험하는 것이 무엇인지를 모른다면, 그땐, 그들이 전통적인 교회 안에 있든지 밖에 있든지, 가정교회에 속해 있든지 그렇지 않든지, 그 교회의 영적인 삶은 실제적으로 공허한 상태에 빠질 수밖에 없을 것이다. **그것을 놓친다면 여러분은 결국 의미 있는 어떤 것도 얻을 수 없을 것이다.**

가정교회운동이 기독교신앙에 혁명을 가져올 수 있는 부분이 바로 이 지점이다. 공동체를 다시 불러오고, 한편으론 개인적으로, 다른 한편으론 몸을 이루어 그 영적인 깊이를 다시 회복하며, 모든 모임에서 이것을 우선함으로써 불러일으키는 혁명!

가정교회에 속한 그리스도인들이 보통 가정모임 안에서 나누는 것들은 다음과 같이 요약될 수 있을 것이다. : "이것이 지난 주 나에게 일어났던 일들입니다." 그리고 거기에 성경말씀 몇 구절이 추가되는 정도! 사람들이 자리에서 조용히 일어날 때까지 그런 나눔이 계속되고 …그러다보면 그 자리에 죽음이 찾아온다. 그렇게 그 모임이 끝날 수도 있다.

아이러니

격식을 차리지 않는 가정교회에서의 모임은 오히려 전통적인교회에서보다 훨씬 더 영적인 분위기가 요청된다. 하나님의 백성들은 말할 수 없는 영적 결핍에 처해있다. 그리고 그들이 처해있는 영적 환경은 공동체보다 개인에 훨씬 더 치중되어있다. 그 모임 안에서 영적인 나눔이 가능하려면 **흘러들어오는** 영적인 요소가 있어야 한다. 그리고 그것은 오직 그리스도와의 만남에서 공급받을 수 있다.

교회의 생명은 그리스도를 나누는 바로 거기에 있다.

인간이 음식을 먹고 살아가는 것처럼 **교회는** 그리스도를 먹으며 생존한다. 그리스도가 그녀의 음식이고, 음료이며, 호흡인 동시에, 생명이다.

여러분의 가정교회는 그렇게 그리스도를 배우는 장소가 되어야 한다.

단언하건데, 바로 그것이 결핍되어 수많은 가정교회들이 무너지고 있다.

앨라배마의 수련회장소

이십여 가정교회들이 앨라배마에 있는 약 이만 오천 평의 미개척지를 사들였다. 그리고 미국에서 가장 세련되지 못한 모임장소를 마련하였다. 그 이십여 가정교회들은 물론 다른 곳에서 온 많은 가정모임들이 매년 그곳에서 한 주간을 같이 보내며 주님 예수 그리스도를 어떻게 경험하는지 배운다. 그리고 그들은 자신들의 가정교회에 적용할 영적인 경험들과 지속적인 그리스도와의 동행에 필요한 영적인 발판을 거기서 마련한다. 그 수련회에서처럼 서로 그리스도를 공급받는 장(場)이 없다면 우리의 가정교회들은 생존하기 어려울 것이다.

이제 내가 여러분에게 들려줄 이야기가 있다. 그것은 한 그룹의 사람들이 과연 가정교회라는 배를 띄울 것인지를 놓고 처음으로 둘러앉은 자리에서 일어나는 일들이다.

제8장. 돌이킬 수 없는 모임

················

(여러분은 이번 장에서, '가정교회, 어떻게 시작할까?' 라는 1부에서 언급되었던 얼마간의 내용들을 다시 보게 될 것이다. 그것이 가장 핵심적인 부분이기 때문이다.)

자, 이제 여러분은 가정에서 모이고 있다. 열다섯-스무 명의 사람들이 참석한다. 여러분은 뭔가 새로운 것을 원하고 있고 가정교회를 꽤 괜찮은 대안으로 여기고 있다.

그 첫 모임에서, 아니면 그 다음 모임에서, 어쩌면 그 다음다음번의 모임에서 …여러분의 모임이 나아갈 방향을 둘러싸고 여러 의견들이 개진될 것이다. 내 충고를 들으시라. 새로 시작되는 모든 모임에서 나는 다음과 같은 의견들이 상충하는 것을 보았다.

다양한 의견들

여러분은 일정한 시간에 모일 것이고 …교회로서의 그 모임은 조금씩 여러분의 기대를 무너뜨려 갈 것이다.

사실, 여러분이 함께 모였다는 것, 그 자체만으로도 기적에 가까운 일이다. 그만큼 전통적인 교회에 반기를 드는 것은 쉬운 일이 아니기 때문이다. 그 일 자체를 어렵게 만드는 많은 철학자들과 그들의 논리가 있지만 크게 귀담아들을 필요는 없다.

내가 직접 목격한 일들

다음에 나오는 의견들을 기억하고 있으라. 그리고 그런 의견들이 개진될 때 어떻게 그것들을 다룰지 준비하라.

1. 우리에겐 어떤 리더도 필요 없습니다. 하나님께서 직접 우리를 인도하실 것입니다.

2. 내가 여기 참석한 이유는 자녀들의 홈스쿨링 때문입니다. 만약 홈스쿨링을 안 할 계획이라면 나는 이 모임에서 빠지겠습니다.

3. 우리는 성경공부를 하려고 여기 모인 것입니다. 아니면 난 여기 있을 이유가 없습니다.

4. 세속 가요에 가사를 바꿔 넣은 노래를 부른다면 난 이 모임에 참여하고 싶지 않습니다. (그런데, "나 같은 죄인 살리신" 같은 찬송 곡들이 세상 가요에 노랫말을 바꿔 넣은 대표적인 곡들이다!!)

5. 내가 들었던 말들 중에 최악의 발언이 기억에 생생하다.
   어떤 사람의 요구는 나를 뼛속까지 얼어붙게 했다. : "우리 이왕에 이렇게 함께하기로 동의했으니 중도에 한 사람이라도 낙오하면 이 모임을 끝내는 것으로 합시다." 모두 고개를 끄덕였으나 그 모임은 그 후 몇 시간 안에 해체되었다. 이견이 개진될 수 있어야 한다. 중도에 그만두는 사람도 있어야 한다. 새로운 사람도 들어올 수 있어야 한다.

형제자매 여러분. 새롭게 떠오른 한 조각의 사상이 느닷없이 전 세계에 유행할 때 그것에 큰 의미를 부여하기 힘들다는 것쯤은 여러분도 충분히 아실 거라 믿는다. 이렇게 느닷없이 급조된, 그리고 과장된 신념을 들고나온 대부분의 사람들은 그 안에 교회생활이란 것을 억지로 정착시킬 수 없다.

　그 위대한 철학자가 그의 철학을 기반으로 전 세계적인 사역을 펼치도록 그냥 내버려 두라. 다만, 그의 철학에 근거하여 교회를 세워보라고 요구하라. 단 하나의 교회라도 세워보라고 하라! 지금부터 영원까지 여러분이 확신해도 좋을 사실은, 그가 교회를 시작할 수 없다는 사실이다. 그 과장된 신념 위에 교회가 세워지지 않는다는 말이다. 그 철학에 헌신할-그리고 그 헌신을 계속 유지할-대여섯 명의 신자들을 그가 얻을 수 있을지 난 의심스럽다.

　어떤 허접한 사상에 기대어 교회를 시작하기보단, 차라리 유행가곡(曲)에 노랫말을 붙인 찬송가를 절대 부르지 않는 교회, 경쟁하는 상대를 비판함으로써 단합과 일치를 꾀하는 교회, 자녀의 홈스쿨링에 초점을 두는 교회, 모임에 속한 모든 이들이 **언제나 100%의 동의**에 이르는 교회, 누구의 지도도 받지 않고 "오직 하나님만이 이끄는 교회"를 시작하라. 일시적으로 유행하는 철학위에 교회를 세우는 것보다는 차라리 그게 더 안전할지도 모른다.

　심호흡을 크게 한 번 하시고, 가정교회의 실제 삶으로 들어오시라. 가정교회를 시작하는 것은 결코 쉬운 일이 아니다. 우리의 일상 대화 중에 흔히 인용되는 이 말을 경청하라. : "이것은 당신의 생각보다 쉽지 않다." 관련된 책을 많이 읽으시라. 그리고 많이 연습하시고 많이 배우시라. 오래 생존해온 가정교회를 방문해보시라. 그리고 많은 질문을 쏟아 놓으시라.

제9장. 결론

....

힘 있는 가정교회를 세우고 그 교회가 지속적으로 생존할 수 있으려면 그 외에 또 무엇이 필요할까?

여러분이 더 많은 도움을 찾아 나서기를 우리는 강력히 추천한다.

『오래된 교회, 가정집모임』(대장간 역간)) 193-206쪽을 다시 읽으면서 가정모임이 처음에 어떻게 시작되는지 참고하시라. 기존과는 완전히 다른 독특한 시작을 거기서 찾아볼 수 있을 것이다.

가정교회를 시작하려는 모든 사람들에게 먼저, 잘 세워진 가정교회, 그리고 번성하고 있는 가정교회 안에서 생활해보기를 강력히 추천한다. (죽어 침체 된 가정교회가 아닌!)

총정리

- 가정교회는 필히 공동체를 형성한다. 그리고 그 공동체는 갈등을 맞게 될 것이다.
- 우리는 공동체에 대한 준비가 전혀 안 되어 있다. 바로 이 결핍이 가정교회의 무덤이다.
- 새로 시작되는 가정교회의 일원이 될 준비를 갖춘 사람은 거의 드물다. 그것은 마치 절벽인 줄 알면서 떨어지는 것이나 다름 없다.

- 가정에서의 **모임**은 훈련과 준비가 필요하다. 그렇지 않으면 처음부터 진부함에 빠질 것이다.
- 여러분은 실패할 것이다. 계속해서 실패할 것이다. 그 실패를 받아 안으시라. 또 여러분의 모임에 참여하는 모든 사람들이 정신병자가 아니면 한 사람 한 사람이 아주 특이한 유형의 사람들로 여겨질 것이다. 그 사실을 받아들이라. 그럼에도 가정 교회의 교회생활로 기꺼이 들어오시라.
- 먼저 서로에 대한 연민을 품으라. 성경적인 모임이 되려는 경향에 각별히 조심하라.
- 경직된 성경구절이 그렇게 큰 영향력을 미치지 못한다는 사실을 여러분은 점차 알아가기 시작할 것이다.

마지막 권면

이 책은 중대한 하나의 결정으로 여러분을 이끈다. : 지역모임에 속하지 않은 사역자를 둘 것인지의 여부! 지역교회가 문제에 직면했을 때, 단지 그 지역교회에 속한 그리스도인들이 그 문제를 다루는 것보다 교회 밖에 있는 하나님의 일꾼이 개입해야 할 분명한 이유가 있다. 또한 그것이 1세기 그리스도인들 안에서 취해졌던 바로 그 방식이다. 오직 성경만을 따르겠다고 작정한 사람들조차도 신약성경 안에서 이 교회개척자, 즉 지역교회를 벗어나 사역하던 하나님의 사람을 발견하지 못한다. 그 이유가 무엇일까? 그들이 발견하지 못하는 것은 비단 이 교회개척자들뿐만이 아니다. 그토록 신봉하는 신약성경 안에서 그들은 너무도 핵심적인 내용들을 절반 이상이나 놓치고 있다. 이유가 있다. 그것이 그들을 불편하게 만들기 때문이다.

다른 한 가지 권면은, 여러분과 여러분이 속한 교회 전체가 오랫동안 생동감을 유지하고 있는 다른 가정교회를 방문해보라는 것이다.

다음에 소개되는 책들을 읽으라

■『평신도들이 교회를 이끌때』*The Organic Church VS. the "New Testament" Church/When the church was Led only by Laymen* (대장간 역간)

■『이교도의 신학교육을 넘어』*Paul's Way of Training Workers or the Seminary's Way* (대장간 역간)

■『유기적 성경공부』*Revolutionary Bible Study* (대장간 역간)

■ 이책 1부 '가정교회 어떻게 시작할까?'

이 책들은 여러분이 직면할 문제들과 그것들을 어떻게 돌파할 것인지에 대한 얼마간의 선(先)경험을 제공할 것이다. 여러분이 **예상**하고 있는 그 문제들일 거라고 속단하지 말라. 거기서 제시하는 새로운 도움들을 기대하라.

가정교회, 목사직을 포기하다.

제1부 ● 상상도 못할 발상

···················

어째서 우리가 목사직에서 떠날 것을 고려해야 하는가!

여기 그 근본적인 이유가 있다

....

우리가 목사직에서 떠날 것을 심각히 고려해봐야 할 가장 큰 이유가 있다. 오늘날 우리가 알고 있는 그 목사직이라는 개념이 전혀 성경적인 기반을 확보할 수 없기 때문이다. 만약 당신이 목사라면, 당신은 비성경적인 사역을 수행하고 있는 것이다. 이것은 변명할 여지가 없다. 게다가 당신의 직업은 솔직히 비참하기 이를 데 없다.

무슨 말인가! 목사가 되는 것은 하나님께서 당신을 부르신 이유가 아니다. 그렇다면 당신의 목회사역은 결국 합당치도 않을뿐더러 지극히 헛된 수고로 끝날 수밖에 없다.

목사직과 결별해야 할 또 다른 이유들이 있다. 누구도 쉽게 말을 꺼내거나 언급하고 싶지 않은 그 이유들에 대해 우리 솔직히 이야기해보자.

제1장. 사석에서 나누는 목사들의 이야기

....

나는 대부분의 그리스도인들이 알고 있는 것보다 훨씬 더 많은 목사들과 알고 지내왔다. 나 자신이 직접 1천여 명의 목사들과 함께 사역했던 경험이 있다.(젊은 시절, 나는 미국에서 가장 큰 몇 몇 도시의 목회자연합회에 초청받아 그들과 함께 그 지역의 성시화 캠페인을 돕는 사역을 펼쳤다.) 그 외에도 수백 교회의 강단에서 말씀을 전한 경험이 있다.

그때 내가 가장 깊은 인상을 받았던 것은 캠페인을 준비하면서 그 도시의 목사들과 가졌던 비공식적인 만남과 피정의 시간이었다. 나는 거기서 이 훌륭한 하나님의 종들이 털어놓는 진솔한 문제들과 마음의 고통을 알게 되었다.(그것은 결코 유쾌하게 나눌 수 있는 대화는 아니었다.) 그때 내가 받았던 인상 중에 가장 또렷이 기억하는 것은 그들의 사역이 도무지 성경에서 그 사례를 찾아볼 수 없는 것들이고 그런 일들을 수행하면서 그들이 거의 비극에 가까운 고통을 받고 있다는 사실이었다.

그들이 자신들의 속사정을 털어놓았을 때, 나는 도무지 감당할 수 없는 문제들과 싸우는 그들의 실상을 보게 되었다.

설교를 위해 나를 초대했던 그 목사들 중의 절반이 임박한 위기를 앞두고 있거나, 이미 그 위기 한복판에 놓여있거나, 가까스로 그 위기를 벗어나고 있었음을 나는 말씀드리지 않을 수 없다. 약 이십 퍼

센트에 가까운 사람들은 자신들이 목사직에서 쫓겨날 거라고 예상하고 있었고 이미 그 절차가 진행된 이들도 적지 않았다. 자신들이 몸담았던 바로 그 교회에서 그들은 해고되고 있었고 내쳐지기 직전에 스스로 물러나는 경우도 있었다. 그 내막은 우리 모두가 충분히 예상할 수 있는 바다. 그 교회의 영향력 있는 소수 세력이 그들을 교회에서 내보내는…!

(나는 침례교인들이 오순절교회나 은사주의 교회들보다 더 자주 목사들을 해고하고 있다는 사실을 알게 되었다. 은사주의 목사들은 보통 그 교회를 완벽히 통제하는 능력을 발휘한다. 그럼에도 불구하고 침례교회 목사들이나 오순절, 혹은 은사주의교회의 목사들 모두가 심각한 갈등 가운데 있다는 사실엔 큰 차이가 없다.

손님

어느 쪽이든, 거의 예외 없이, 우리 목사들은 한 교회의 진정한 리더십이라기보다는 그 교회의 손님에 가깝다. 목회위원회가 부르면 우리는 간다! 그러면 그 교회는 1-2년 동안 우리를 사랑해준다. 그다음엔?! 목사가 어떤 위치에 있으며 실제로 그 교회를 운영하는 것은 누구인지가 명백히 드러나는 시점에 이른다. 당신이 그 내막을 알게 된다면 목사가 가진 그 정체불명의 특권과 그럼에도 불구하고 그 직분이 가장 비참한 직업 중 하나에 속해 있다는 사실을 깨닫게 될 것이다.

제2장. 역사가 우리에게 증언한다

....

어쩌다 그런 비참함이?

어쩌다 그런 아픔이?

어쩌다 그런 말할 수 없는 위기가?

이유가 있다. 목사는 **비현실적인 세계**에 살고 있다.

우리는 비성경적인 어떤 인물을 지금 다루고 있는 것이다. 아무리 강변하더라도 결코 성경적인 인물이 될 수 없는! 우리는 인위적으로 창조한 어떤 인물에게 그동안 터무니없는 역할을 부여해왔던 것이다. 목사인 당신과, 당신의 아내와, 당신의 자녀들에게 부여된 말도 안 되는 그 역할!

이 모든 것이 성경 어디에 나오는가?

....

당신이 목사를 성경적인 인물로 지지하기 위해선 두 가지 방법 중 하나를 선택해야 한다. 첫째, 신약성경 이곳저곳에서 몇몇 구절들을 오려내는 방법이 있다. 이 방법을 사용하면 당신은 증명하고 싶은 모든 것을 성경말씀을 통해 증명해낼 수 있다. 동일하게, 이 방법에 의하면, 오늘날의 목사직은 물론 텔레비전 선교방송 같은 모든 신앙 활동들을 성경적인 일로 당당히 주장할 수 있다.

그럴더라도 역사는 우리를 지지하지 않는다

....

다른 한 가지 방법은 역사의 증언을 듣는 것이다. 역사가 그것을 말해준다. 그러나 역사는 처음부터 끝까지 우리를 당황케 한다. 오늘날의 목사가 성경에서 시작된 것이 아니라 종교개혁과 함께 등장했다고 증언하기 때문이다. 더욱이 그 뿌리를 종교개혁 이전으로 거슬러 올라가면 마침내 이교도들의 신앙, 그리고 로마가톨릭의 혼합신앙과 만나게 된다.

참으로 놀라운 것은 지금까지 누구도 목사직에 대한 성경적 본질을 주제로 책을 쓴 사람이 없다는 사실이다! **목사의 직무**와 관련해서는 수많은 책들이 쏟아져 나왔다. 그럼에도 그 수천 권의 책들 중에 어느 한 권도 목사직의 역사적 뿌리나 성경적인 정당성을 추적한 책은 없다. "목사"가 서 있는 위치가 바로 그 알 수 없는 지점이다!

당신이 목사직을 떠나지 못하는 주된 이유

....

이 주제를 수면 위로 드러내는 것은 내게도 참으로 꺼려지는 일이다. 목사직을 그만두려고 심각하게 고민하는 목사들과 나는 많은 대화를 나눠왔다. 예외 없이, 대화의 초점은 결국 다음 하나로 모아졌다. : "만약 이 사역을 그만둔다면, 생계를 위해서 난 무슨 일을 해야 할까요?"

아! 이 질문만은 우리가 **하지 말아야 할** 질문이다. 우리는 하나님의 부름을 받은 사람들 아닌가? 우리의 궁극적인 질문이 과연 그 질문이어야 할까? 우리가 하나님께 부름받았을 때 우리의 부르심 속에 그 질문은 포함되지 않았었다.

생계를 위한 기술?!

....

다른 한편, 실용 가능한 어떤 기술을 가지고 있는 목사들을 나는 많이 만나보지 못했다! 고대 히브리인들은 -지금 역시도- 그 점에 있어선 우리보다 훨씬 지혜로웠다. 랍비가 되기 이전에 그들은 생계를 위한 한 가지 기술을 가지고 있어야 했다. 목사들이 한탄하는 것은 이것이다. "나는 **아무런** 기술도 없어요. 나는 오직 **교황**이 되도록 훈련받았어요. 내가 교황직에 오르지 못하는 이유는 두 가지예요. 하나는 그 자리가 꽉 찼기 때문이고, 다른 하나는 내가 라틴어를 못한다는 사실이에요."

내가 그에 대해 정직하게 반응하겠다. : "교황직에 오르는데 실패했다면, 당신은 직업을 갖고 생계를 위해 일해야 한다!" (나 역시 복음을 전하는 일로 내 생계를 유지하지 않는다. 나도 내 생계를 위한 직업을 가지고 있다.) 세상 직업을 가지라고? 많은 목사들에게 있어 이것은 생각할 수도 없는 패배, 마치 가톨릭의 **파문**과도 같이 받아들여진다.

내가 관찰한 바에 따르면, 우리 목사들 대부분은 만약 **목사직**을 그만두게 되면 **하나님의 사역** 역시도 거기서 끝난다는 생각을 품고 있다. 그 뒤를 이어 연상되는 장면은 중고차를 팔고 있는 자신의 모습이다! 그럴 필요가 없다.

당신이 목사직을 그만둔다고 해서 그것이 곧 하나님의 사역을 떠나는 것은 아니다. 그럼에도 생계를 위해 세상직업을 선택하는 것은 거룩하지 못하고, 비성경적이고, 비종교적인 일이라는 인식과 마주할 수밖에 없을 것이다. 그리고 그 직업은 부르심을 받은 하나님의 사람들로부터 집중력을 빼앗아 갈 것이 분명하다.

반복되는 사역

....

이 문제를 좀 더 깊이 생각해보자. 목사로서 당신이 하고 있는 일들은 거의 시간 낭비에 가깝다. 최소한 당신의 부르심과 관련해서는 분명히 그러하다.

사육장 속에서 쳇바퀴를 돌리는 다람쥐 한 마리를 생각해보라. 당신처럼 그 다람쥐도 열심히 뛰고, 뛰고, 또 뛴다. 그러나 그가 멈추어 선 그 자리는 정확히 그가 처음 달리기 시작한 바로 그 지점이다. 그 다람쥐도 죽고 목사인 당신도 죽는다. 그러면 사람들은 새로운 다람쥐를 가져다 놓을 것이고 그 다람쥐는 다시 뛰고, 뛰고, 또 뛸 것이다. 목사인 당신이 죽으면…?

여러분 중의 어떤 이들은 50년 동안 한 교회에서 목회한 것을 자랑스럽게 내세우는 이들이 있다. 하지만 이것을 생각해보라. : 당신이 인생의 마지막 설교를 할 때, 당신의 설교를 듣고 있는 그 사람들은 당신이 그 자리에서 첫 설교를 했을 때와 영적으로 달라진 것이 거의 없을 것이다. 당신이 죽고 나면? 사람들은 당신의 장례식에 참석해 잠시 눈물을 흘릴 것이다. 그리고 새로운 목사를 불러올 것이다. 그러면 그는 당신이 했던 그 일과 정확히 똑같은 일을 다시 시작할 것이다.

우리의 목표

·················

변화를 모색하되 **급격한** 변화를 모색해야 한다. 그것은 우리의 부르심을 형성하는 날줄과 씨줄이다.

대체 무슨 변화를? 교회역사의 흐름을 바꾸는…! 기독교 전통, 그 종교적인 전통을 혁신하는…!

목사직에 대한 급격한 변화! 이것은 그 본질상, 처음엔, 그리고 언뜻 듣기엔, 이해하기 힘들고 강력한 저항감을 불러오는 도전이 될 것이다.

나는 어떤 지혜로운 사람이 이렇게 말하는 것을 들었다. : "우리가 우리의 종교적 정체성에 집착하며 급진적인 변화를 주저하는 네 가지 실제 이유를 알게 되었습니다."

제3장. 목사 앞의 네 가지 시험

....

사람들

메시지

목사직

돈

사람들. 제도권교회를 떠난다는 것은 곧 당신의 친구들을 모두 잃게 된다는 것을 의미한다. 당신이 사람들로부터 받는 인정도 여기에 해당된다.

메시지. 당신에게 사로잡혀 오로지 **당신만을** 주목하는 사람들. 그들의 시선을 한 몸에 받으며 설교한다는 것은 매력적인 일이 아닐 수 없다. 지구상 어느 배우가 청중으로 꽉 찬 무대를 떠나려 하겠는가? 꽉 들어찬 무대에서 공연할 수만 있다면 영혼이라도 팔지 않겠는가! 자기 홀로 무대에서 멀어질 사람이 누가 있겠는가! 더욱이 이 특별한 배우는 다음 주, 그리고 앞으로도 계속, 그로 인한 보수까지 받게 될 것을 잘 알고 있다. 그러나!! 잘 차려입은 사람들, 조명, 음향, 음악, 스테인드글라스는 우리가 부름받은 그 영역에 속하지 않는다. 설교는 우리에게 중독증상을 일으킨다.

목사직. 목사가 된다는 것은 그 지역사회의 지도자가 된다는 것을 의미한다. 특별대우를 받고, 우러름을 받으며, 주목받고, 병원 주차장에서도 배려받는 바로 그 자리! 지구상의 어느 누구도 그 독특한 지위를 확보한 사람은 없다.

돈. 우리는 설교를 전문으로 하는 사람들이다. 그 외에 다른 전문 기술을 가진 사람은 우리 중에서 찾아보기 힘들다. 그러니 세상 직업을 갖는다는 것은 끔찍한 일 아니겠는가! 처음 세 가지의 특혜, 즉 **사람들, 메시지, 목사직**에 **돈**까지 따라오는데! 영혼을 팔아서라도 이 직업에 집착하지 않겠는가! 과연 다른 선택이 있을 수 있을까? 생계를 위해 세상직업을 갖는다고? 그런 발상은 목사들에게 벌집을 건드리는 것이나 다름없다.

내가 제도권교회를 떠났을 때 무엇을 했을지 당신이 궁금히 여길 수도 있을 것 같다. 나는 개인적으로 학교 교사가 아니면 어떤 것이든 할 수 있다고 하나님께 말씀드렸다. 그러나 그분은 내 기도를 들어주지 않으셨다. (내 이력 중에 학교 교사로 일한 것은 잠시였다. 슬럼가의 교사로 복무한다는 것은 무척 위험한 일이어서 종종 교사들이 그만두곤 한다. 그때 어쩔 수 없이 그 교사의 빈자리를 채우기 위해 파트타임으로, 임시로, 견습교사로, 조건부로, 그 자리를 채운 적이 있다.) 그 나머지, 내가 직업으로 가졌을 법한 일들은 무엇이든 당신이 추측해도 좋다.

다른 모든 그리스도인들이 생계를 위해 일하는 세상 한복판에서 당신도 생계 수단으로 무슨 일인가를 한다는 것은 복음을 전하는 대가로 보수를 받는 전통적인 방법보다 훨씬 더 정직하고 건강한 길이 될 수 있다. (바울은 복음을 수단으로 보수를 받는 것에 단호한 입장을 취했다.) 물론 당신은 돈이나 사람들의 시선을 받기 위해서가 아니라 부르심에 합당한 사역의 길을 가고 있다고 이해할 것이다. 그렇지만 다른 한편, 한 주에 한 번 설교하는 것이 그나마 천만다행이라고 …당신의 깊은 속에서는 그렇게 안도의 한숨이 나올 것이다.

열등한 사역자

세상직업을 갖는 것은 그 목사를 뭔가 좀 열등한 사역자로 만드는 것 같지 않은가? 만약 당신이 그런 기준을 갖고 있다면 나는 당신에게 매우 열등한 사역자 한 사람을 소개하고 싶다. 바로 바울이다! 당신도 알다시피, 바울은 오늘 우리가 보통 말하는 풀타임 사역자가 아니었다. 파트타임사역자도 아니었다. 그는 생계를 위해 쉼 없이 일하고 그 남는 **여가시간**에 사역했던 하나님의 종이었다. 그런데 바로 그 여가시간에 사역했던 한 사람에 의해 세상이 흔들렸다! 열등한 사역자라고?!

나의 경우? 나는 보통 가정집 거실에 둘러앉은 한 무리의 그리스도인들과 함께 지내왔다. 그들은 어떤 사람들일까? 내가 있으나 없으나 자신들끼리 몸을 이루는 사람들! (이 특별한 사람들은 또 내가 있으나 없으나 전혀 상관없이 몸의 기능을 주고받는다.) 나는 비현실적인 세상 속에 살지 않는다. 사람들이 살고있는 그 세상에서 그들이 실제적으로 하고 있는 그 일을 나도 하면서 여전히 하나님의 사역을 감당하고 있다.

내가 있으나 없으나 보기 좋게 살아남는 10여 곳의 모임들! 나는 그 교회들을 위해 내 시간을 쪼개며 사역하고 있다! 내가 그들 가운데서 그들을 돕는 일은 오직 그리스도께 집중하는 것과 연관이 있다. 내가 전하는 말씀들은 그들이 어떻게 실제로 그리스도를 경험할 수 있을지를 다룬 메시지이다. 교회운영에 드는 비용은 거의 없다. 비용이 전무한 만큼이나 세상적인 명성도 없다! 나는 한 몸으로 부지런히 기능하는 그 하나님백성들 중의 한 **신자**일 뿐이다. 그리고 그들은 함께 그리스도를 추구하며 에클레시아 안에서 살아가는 한 무리의 백성이다.

무엇보다, 어느 누구도 나를 해고할 수 없다! 나는 해고된 적이 없다. 나와 함께 살아가는 그들에게 내 생계를 의존하지도 않는다. 그것은 변화에 필요한 강력한 바탕이 된다.

당신이 목사직에서 **졸업**하고 싶다면, 우리 목사들이 너무나 자주 선포했던 메시지, 하지만 실제로는 누구도 실천하지 않고 있는 바로 그 말씀, 즉 **만인제사장직** 가운데로 걸어 나와야 할 것이다. 그것이 교회역사를 바꿀 것이다! 우리 중 몇 사람은 "하나님의 영원한 목적"을 보았기 때문에 밤낮으로 이 일에 매달리고 있다.

두려운 일이냐고? 그렇다. 매우!

·················

목사직을 그만두는 것은 두려운 일이다. 그 결단이야말로 당신이 어떤 사람인지에 대한 총체적인 잣대가 될 것이다. 만약 당신에게 그럴 용기가 있다면, 전혀 새로운 영역, 우리가 수 세기 동안 잃어버렸던 바로 그 터전으로 들어가기 위해 제도권교회를 걸어 나오는 담대함, 아니 광기가 필요할 것이다. 그리고 때가 되면, 당신의 노년에 이르러, 최소한 당신의 삶이 청결한 양심과 내주하시는 주님을 따라 살아왔다는 사실로 감격하게 될 것이다. 그렇다. 그것이 바로 성경적인 부르심이다.

당신의 아내

·················

당신이 그런 결정을 내리는 과정에서, 당신의 아내는 오히려 당신에게 고마워할 것이다. 목사의 아내로서 그녀가 감당해야 했던 인위적인 역할들과 무보수 풀타임 사역! 그것을 그만둬도 된다는 사실에 당신의 아내는 매우 행복해할 것이다. 그동안 그녀가 복무해야 했던 '직업'을 묘사하면 대충 이와 같다. : 만면에 웃음을 머금고, 아무 문제가 없는 듯, 완벽한 아내인 동시 완벽한 여주인인 듯, 완벽한 자녀들을 양육하고 있는 듯…! 그리고 그것이 마치 성경적인 듯 …!

만약 당신이 이 끔찍한 직업에서 필사적으로 벗어나길 원한다면, 그래서 그것을 허락할 누군가를 찾고 있다면, 좋다! 내가 기꺼이 그 사람이 되어주겠다.

우리는 모두 성경적인 사람이 되도록 가르침 받아왔다. 그리고 성경말씀에 순종하도록 훈련받았다. 그렇다면 이 비성경적인 목사의 망토를 벗어던지는 일은 우리가 받았던 그 가르침에 정직하게 반응하는 것이고 하나님의 말씀을 진실하게 실천하는 것이다.

당신이 그 직업에서 떠나도록 허락할 사람을 찾지 못했다면 내가 기쁜 맘으로 당신이 찾는 그 사람이 되겠다.

그리스도 안에서 형제가 된 여러분, 그리고 자매가 된 여러분, 여러분이 목사직에서 떠나는 것을 내가 허락한다!!

거의 떠날 뻔 했던 사람

. . . .

나의 한 친구에 대해 들려주고 싶은 이야기가 있다. 그가 세계적으로 유명해지기 전부터 나는 그를 알고 있었다. (실제로 그는 전 세계적인 유명인사다. 지난 백 년 동안 가장 많이 알려진 작가 중 한 사람일 것이다.) 어느 날, 나는 그 친구가 제도권교회와 이별했다는 사실을 알게 되었다. (다시 말하지만, 이것은 그가 유명해지기 전의 일이다.) 어느 날 저녁, 우리 둘은 마주 앉았고 그는 내게 이렇게 고백했다. "그동안 내가 몸담았던 사역에서 벗어난 기쁨은 정말 놀라운 경험이 아닐 수 없네. 가정집 거실모임에 참여하면서 나는 더 이상 어떤 위선을 떨지 않아도 된다네. 누가 내 든든한 후원자가 되어줄지 여기저기 둘러볼 필요도 없다네. 내게 쏟아졌던 많은 기대와 시선들 가운데서 나는 이제 자유롭다네. 따뜻한 사람, 친근한 사람, 거룩한 사람인 척 꾸밀 필요가 없어졌다는 말일세. 수년 만에 처음으로 비로소 내가 나 자신이 된 느낌일세."

내 친구는 정말 순전한 기쁨으로 그 **자유**를 누리고 있었다. 그러면서도 그는 여전히 주님의 부르심을 느끼고 있었다. 그렇다. 문제가 없었던 것은 아니다. 이제 어떻게 생계를 유지할지, 정확히 무슨 일을 하며 살 것인지 …그는 고민하고 있었다. 하지만 그의 얼굴에, 그의 목소리에, 그의 영혼에 비로소 깊은 안정감이 흘러넘치고 있었다.

그로부터 1년 후, 나는 그를 다시 만났다. 그런데 그는 인위적인 목회사역으로 되돌아가 있었다. 즉 이전의 목회사역과 **다를 바 없는** 어떤 사역을 하고 있었다. 그는 유명강사가 되어 있었다. 그는 가정집 거실로 걸어 들어가서 그가 선교단체의 스텝으로 있었을 때 하던 그 일을 거기에서 그대로 하고 있었다. 그는 목사와 "다를 바 없는" 어떤 역할을 다시 하고 있었다. 보이지 않는 사슬이 한 번 더 그를 속박하고 있었다.

나는 당신이 주님의 부르심을 받은 사람인지 아닌지 알 수 없다. 하지만 당신 안에 거하는 평범한 당신을 놓치지 마시라. 당신 안에 실제의 당신, 정직한 당신이 있다. 당신 안에 거하는 그 실제의 당신을 결코 포기하지 마시라. 많은 사람들이 당신에게 거는 기대가 있을 수 있다. 그러나 그들이 기대하는 당신은 진정한 당신 자신이 아니다. 그 역할에서 벗어나시라. 당신의 인간성을 지키시라. "당신 안에 실제로 존재하는 당신"을 지키시라. 그 실제의 당신을 무시하지 마시고 보물처럼 여기시라.

(당신 안에 살고있는 그 실제의 당신은 당신이 목사가 되는 것을 한사코 거부할 것이다!)

바로 거기 어디쯤에 주님 예수 그리스도께서 존재하신다. 그리고 거기 어디쯤에 한때 이 땅에 실존했던 에클레시아, 모든 속박에서 자유로웠던 주님 예수 그리스도의 에클레시아가 존재하고 있다.

제4장. 부실한 토대위에 세워진 목회사역

....

믿음에 의한 삶

....

"믿음에 의한 삶"에 대해 당신도 들어보았을 것이다. 그 신령해 보이는 운동과 거리를 두시라. 그것은 오늘날의 목사직을 성경적인 것으로 보는 것만큼이나 제도권교회 안에서 신령하게 다뤄지고 있다. (이를테면, 마트에 갈 돈이 없는데 '믿음'으로 마트에 갔더니 어찌어찌해서 돈이 마련되었다는 …항공료가 없는데도 믿음으로 해외선교를 결정했더니 이런저런 도움을 통해 비용이 해결되었다는 등의 …! 물론 이런 일들이 주님의 백성들 사이에서 실제로 일어나는 것은 사실이지만, 이것이 신령한 삶으로, 혹은 믿음의 삶으로 '권장'될 신앙덕목인지는 의문이다. 역주.)

제도권교회 안에서 유행하는 "믿음에 의한 삶"이란 당신이 돈을 요구하지 않았지만 누군가로부터 사역에 필요한 돈을 공급받으며 살아가기를 당신이 은근히 기대하고 있다는 말의 암호이다. 어떤가? "당신도 이 믿음에 의한 삶을 살고 싶은가?"

워치만 니와 같은 하나님의 사람이 "믿음과 암시(hint)에 의한 삶"을 언급했다고 해서 그것을 신약성경적인 삶이라고 주장할 수는 없는 노릇이다. 신약성경 어디에도 그런 삶을 "시도"하거나 권장하는 말씀은 없다.

이와는 정 반대로 살아가는 사역자의 삶이 존재한다. (바울과 같이 손수 노동하여 생계와 사역에 필요한 비용을 스스로 해결하는 삶! 역주.) 그것은 매우 정직하고도 평범한 삶의 방식이다. 그리고 두려운 삶의 방식이기도 하다. 동시에 그것이야말로 성경적인 삶이요, 사역의 방식이라고 말할 수 있다. 당신이 보기엔 그것이 신령해보이지 않는가?

그렇다. 그러한 삶과 사역의 방식은 당신에게 고통을 안겨줄 것이다. 아마도 당신이 제도권교회의 목사로 있을 때 보다 훨씬 더 많은 고통을 감내해야 할 것이다! 하지만 거기엔 분명한 차이가 존재한다. 하나님의 부르심을 받았던 많은 사람들이 바로 이 방식을 택했다는 사실을 당신도 점차 알게 될 것이다. 우리는 주님 예수 그리스도께서 모든 것의 중심으로 다시 돌아오는 그 날을 기다리며 여기 서 있다. 그리고 교회회복이 절박한 이 특별한 시대로 부름 받았다. 주님 예수 그리스도를 높이는 그 자리로 부름 받은 것이다.

그것은 상당한 시간을 요할 것이다. 우리가 그동안 몸담았던 제도권교회 안에서 이 새롭고 독특한 여정을 위해 훈련받은 경험이 없기 때문이다.

하나님께서 갑절의 은혜를 베푸신다면 당신이 제도권교회 안에서 수행했던 그 인위적인 사역보다 훨씬 더 깊고 풍부한 예수 그리스도와의 동행이 당신에게 주어질 가능성도 없지 않다.

분명한 기준

....

무엇을 어떻게 해야 할까? 당신에게 도움이 될 만한 한 가지 분명한 기준을 제시하겠다.

어떤가? 당신은 제도권교회에 편안히 머무를 수 있는가?

그렇다면 그냥 현재의 목사직에 머물러계시라. 그것이 대부분의 제도권교회들이 선택한 자기정체성이기 때문이다. 하지만 그 울타리에 머물 수 없다면 제일먼저 결행해야 할 한 가지가 바로 목사직을 떠나는 것이다. 우리 중엔 달리 선택의 여지가 없는 사람들이 있다. 양심상 그렇게 하지 않을 수 없다는 말이다. 목사직을 떠남과 동시에 우리는 새로운 부르심 속으로 들어가게 될 것이다.

내가 드리고 싶은 기도가 있다. 이 기도는 사실 "영원" 안에서 이미 드려졌던 기도로 앞으로 시간이 존재하는 한 지속적으로 거기서 흘러나오게 될 바로 그 기도이기도 하다. :

성령께서 당신 안에 역사하심으로 그리스도에 대한 계시가
당신 안으로 흘러들어오기를. 그로 인해 당신의 눈이 열려
그분과 그분의 에클레시아를 볼 수 있기를. 또한 당신이 '중
고차 판매원' 이 아닌 오직 예수 그리스도를 공급하는 그 자
리로 올라서기를. 그리고 그분의 영원한 목적인 교회, 바로
그녀를 호흡하며 그녀를 위해 죽을 수 있기를.

한 가지 질문을 던지며 이 주제를 마치려한다.

당신은 하나님의 부르심을 생각할 때 무엇이 제일 먼저 떠오르는가? 그분이 당신을 '목사'로 부르셨다는 그 사실이 떠오르는가?

내 생각엔 그럴 것 같지가 않다. 하나님께서 존재하지도 않는 직무 가운데로 당신을 부르셨겠는가?

그렇다면 당신은 무엇으로 부름받은 것일까?

그리스도께, 오직 그분에게로 부름받은 것이 아닐까?

제 2부

··················

확고한 역사적 사실

제5장. 우리를 당황케 하는 역사

....

인정한다. 당신은 목사가 성경적인 인물임을 증명할 수 있다. 다만 발췌된 몇 몇 구절들에 의해서만! 그러나 다른 한편, 역사는 당신을 지지하지 않을 것이다. 역사는 자신의 입장을 완강히 고수할 것이다. 역사는 사실을 말할 수밖에 없기 때문이다. 그리고 이것은 당신을 당황케 할 것이다. 그 엄연한 사실에 당신은 결코 도전할 수 없을 것이다.

당신이 몸담고 있는 그 직업의 기원

....

여기 목사직의 **뿌리**에 대해 역사가 당신에게 들려주는 이야기가 있다. (그 전에 확실히 해두어야 할 것은, 당신의 사역이 성경에 대한 당신의 솔직한 고백 위에 근거해야 한다는 점이다.)

신약성경에 목사라는 용어는 단 한 번 언급된다. 현재 개신교를 뒤덮고 있는 그 목사들의 영향력에 이 사실을 대입해보라. (에베소서 4장 11절에 단 한 번 등장하는 이 '목사' 라는 단어는 복수형태, 즉 "목사들"로 표현되고 있다. 이 편지의 수신자는 골로새교회였다. 골로새지역의 신자들과 교회들의 규모가 너무 거대해서 다수의 목사들이 필요했을 거라고 주장하고 싶은가? 그렇다면 이 사실을 기억하라. 골로새 지역 전체 인구는 겨우 5천 명 남짓이었다. 그리고 이 편지를 받았던 신자들은 빌레몬의 가정집 거실에 둘러앉은 한 줌의 그리스도인공동체였다. "목사들"이라니!!)

목사라는 말은 우리의 예상과 달리 결코 성경을 뒤덮는 용어가 아니다. 복수형태의 이 단어는 단 한 번 스치고 지나가듯 성경에 등장한다. 그리스어 **포이맨**(poimen)에서 파생한 이 단어는 양을 치는 **목자들**을 의미한다.

그 말은 라틴어 파스토라(pastora)에 해당하는 불가타 성경의 표현을 그대로 빌려온 것이다.

무엇보다 중요한 것은, 신약성경 **이야기** 어디에 이 목사들의 역할과 기능이 나오는지 찾아보라! (여기서 "이야기"라는 표현이 함축하는 의미는 몇몇 성경구절을 필요에 따라 발췌하는 것과 대립되는 개념으로, 성경의 모든 사건들을 그 본래 순서대로 연결했을 때 '한 폭의 그림'처럼 떠오르는 전체스토리를 의미한다. 생각해보라. 성경 '이야기' 어디에 양복이나 성직자 가운을 입고 매 주일 오전 11시에 설교하는 목사가 나오는가! 교회성장의 책임을 홀로 짊어지고, 교회직원을 채용하거나 해고하기도 하며, 신자들 가정의 혼인을 주례하고, 장례식에서 홀로 설교하고, 병자들을 심방하며, 교회의 모든 일에 항상 중심이 되는 현대교회의 목사가 성경 '이야기' 어디에 나오는가! 예수님의 열두 제자가 오늘날의 목사인가? 바울? 그가 오늘날의 목사인가? 바울은 아홉 곳의 교회-비시디아안디옥, 이고니온, 루스드라, 더베, 빌립보, 데살로니가, 베뢰아, 고린도, 에베소-를 세우고 평균 네 달가량 그들과 함께 지낸 다음 각각의 교회를 에클레시아 자체에 위임하고 홀연히 그 교회들을 벗어났다. 이 사람, 사도 바울이 현대교회의 목사인가? 역주.)

우리는 사도들에 대해 잘 알고 있다. 신약성경에 그 용어가 두드러지게 등장하고 그들의 활동이 신약성경 전체 이야기 속에 녹아있기 때문이다. 그러나 오늘날의 목사직과 연관된 용어나 그들의 활동을 찾아보라. 그 그림자조차 발견할 수 없을 것이다. 목사라는 용어를 신약성경 "이야기" 속에서 찾아보라. 그들이 그 "이야기" 속에서 무슨 역할과 기능을 담당했는지 말해보라. 신약성경 속에 목사의 자리는 존재하지 않는다.

그것이 사실이라면, 이 "목사"라는 존재는 성경적인 인물이 아니다. 그를 일컫는 호칭도, 그 말이 오늘 우리에게 연상시키는 기능도 전부 비성경적이다! 신약성경 이야기 속에 그는 결코 나타나지 않는 인물이다. 그렇다면 대체 그는 언제 어디서 우리 가운데 들어왔는가?

그와 관련된 모든 관행은 인위적으로 창조되었다. 그가 현대교회에 기여하는 역할은 하나님 백성들의 기능을 마비시키는 것이다. 역사를 돌려보라. 3세기 전까지, 하나님의 백성들은 한 몸으로 기능했다. 안타깝게도 그 기능은 사제(성직자)들의 등장과 활동으로 대체되었다. 그리고 그 사제들로부터 개신교의 목사들이 흘러나왔다. 그 일들이 일어났던 초기역사로 거슬러 올라가 보자.

이그나티우스

....

이그나티우스가 등장한다. 그는 감독주도의 교회를 창시한 장본인으로 여겨지는 인물이다. 한 사람의 리더십에 교회가 이끌리기 시작한 것이 바로 이 지점이다. 그가 이렇게 말했던 것으로 전해진다. : "예수 그리스도께서 아버지 하나님을 따르신 것처럼 여러분 모두는 감독을 따라야합니다" (A.D. 107).

하지만 이그나티우스가 실제로 그렇게 말했겠는가? 많은 사람들이 거기에 동의하지 **않을** 것이다! 그는 2천 년 전 인물인데 우리는 기껏해야 그의 저작으로 여겨지는 1천 년 전의 문서들을 가지고 있다. 그가 진술한 것으로 여겨지는 그 문장은 아마도 그 문서들 어딘가에서 흘러나온 말일 것이다. 누군가 그의 문서들을 인위적으로 재구성한 것일까? 만약 이그나티우스가 실제로 감독과 관련하여 언급한 바가 있다면 그것은 "복수형"의 **감독들**(bishops)이었을 것이다. (이 두 단어, 즉 **장로들**과 **감독들**에 그 후 무슨 일이 일어난 것일까? 두 단어 모두 복수형으로 쓰였다는 사실을 주목하라. 그것은 '항상' 복수형으로만 사용되었다!)

목사처럼 이 감독(bishop)이라는 용어 역시 오도된 호칭이다. 그리스어 에피스코포스(episkopos)에서 그 어근을 확인해보라. 감독이라는 말은 A.D. 107년엔 등장하지도 않았던 비성경적인 신조어이다. 단수형으로의 감독(bishop)과 장로(elder)라는 말은 아예 존재하지도 않았다.

목사라는 말이 나오기까지는 그 후 수세기가 더 지나야 했을 것이다. 단수로서의 "목사(pastor)"는 A.D. 500년 이후까지도 나오지 않았던 말이다.

"장로들(elders)" 그리고 "감독들(overseers)"에서 단수형의 '감독'(bishop)이 흘러나왔다.

이런 식의 일들이 종교개혁 와중에 취해졌던 방식들이다.

오늘날 유럽에서는 개신교 안에서조차 목사를 사제로 언급한다. 특별히 유럽 대부분의 루터교 목사들은 자신들이 사제로서 언급되는 것에 조금도 거리낌이 없다.

1522년, 독일 비텐베르크! 루터는 로마가톨릭으로부터 쏟아져 나오는 수 많은 사제들에 둘러싸였다. 그를 둘러싼 그 로마 사제들은 A.D. 6백년, 교황 그레고리대제가 저술한 문서에 의해 훈련받은 사람들이었다. 즉 그들은 그레고리대제가 진술한 사제들의 7가지 목양적 직무를 수행하도록 훈련받았던 것이다. 그들의 훈련에 사용되었던 그 그레고리의 저술이 오늘날 개신교 목사들의 사역을 형성한 뿌리이다.

루터는 그레고리의 가르침을 살짝 **수정**하여 자신을 따르는 전(前) 로마가톨릭 사제들의 목양적 직무를 독려하였다. 그것이 그들에게 익숙한 기능이었기 때문이다.

개신교의 목사직은 그렇게 이 땅에 들어왔다. 일이 그렇게 된 것이다. 그리고 당신과 나는 그레고리가 제정한 그 일곱 가지 목회사역을 열심히 수행해왔던 것이다. 그것들 중의 어느 하나도 우리의 부르심과 상관없는 것들이다. 그것이 **당신의 직업**이 처음 등장했던 자리이고 현재 당신이 서 있는 바로 그 자리이다. 당신이 교회 안에서 목사로서 담당하는 그 기능은 가톨릭 제사장들에게 주어졌던 …거슬러 올라가면 A.D. 6백 년에 이르러서야 만날 수 있는 그 이교도적인 직무를 루터가 살짝 희석해놓은 것에 다름아니다. 루터는 **개신교적**인 그의 시각으로 이 직무들을 수정하여 그의 추종자들인 전(前) 로마 사제들에게 내놓았다. 그 목록들은 단지 과거 그레고리의 문서 속에 존재하지 않는다. 바로 지금 개신교 목사들의 직무 한 가운데 현존한다.

결과적으로 현대교회 목사들의 사역은 A.D. 600년에 그레고리대제가 로마가톨릭 제사장들에게 주었던 바로 그 "사역목록"이다. 그것을 하나님께 부름 받은 자신들의 직무로 섬기고 있다는 말이다.

『문명이야기 The Story of Civilization』의 저자 윌 듀랜트(Will Durant)는 그레고리대제가 도입한 성유물(聖遺物), 죽은 자들을 위한 기도, 이교도신앙과 미신을 절묘하게 섞은 혼합신앙, **그리고** 사제들을 위한 목양적 직무를 일컬어 "중세 사고방식의 대부"라고 불렀다!

여기 그레고리가 당신에게 준 "사역목록"을 유심히 들여다보라.

1. 아이들에게 물을 뿌려 세례를 주라. (당신은 침례교도이기 때문에 상관이 없을까?)
2. 죽은 자를 매장하고 그로 인해 슬퍼하는 자들을 위로하라.

(이것이 당신이 하는 일 중의 하나가 아닌가? 그러나 신약성경 안에서 그 기원을 찾아보라.)

3. 교리문답을 가르치라. (당신은 이런 직무를 하지 않는다고? 하지만 그 대신 설교를 하고 있지 않은가! 루터가 그레고리의 목양적 직무를 살짝 바꿔놓은 것 중의 하나가 바로 설교이다.)

4. 젊은이들을 결혼시키라. (당신도 주례를 서지 않는가?)

5. 평신도들에게 허락되지 않은 일들, 즉 성례를 행하라! (주님은 빵과 포도주를 높이 들어 그것으로 그분의 살과 피를 만드셨다. 당신은 그럴 수 없음에도 포도주와 빵을 사용한다. 역사를 통전하여 평범한 주님의 사람들은 빵과 포도주가 아닌 "주님의 식사"를 나누었다.)

6. 축복권을 행사하라. 제사장들은 모든 것을 축복해야한다.(오늘 우리도 축복이 필요한 모든 것을 축복하고 있다. 마치 그것이 거룩한 의식인 것처럼! 이를테면 어떤 행사, 식사, 게임, 스포츠 등, 당신이 참석한 모든 자리에서 당신은 기도해달라는 요청을 받는다.)

7. 환자들을 방문하라. (만약 당신이 이 직무를 행하지 않는다면 당신의 교회가 당신을 용납할까!)

만약 목사가 없다면 누가 이런 일들을 하게 될까? 이 질문에 대한 대답은 "교회"를 둘러싼 사고방식 자체를 바꿔놓을 수도 있다. 분명한 것은, 1세기엔 그런 일을 하는 "목사"가 존재하지 않았다는 점이다.

그 일들 중 어떤 것은 전혀 할 필요가 없는 일들이고, 어떤 것은 '몸'이 된 교회, 즉 평신도들이 이끌어가는 교회 전체에 의해 수행될 일들도 있다.

한쪽 눈을 질끈 감고, 당신은 목사로서 수행하는 당신의 모든 직무를 당당히 성경 속에서 찾아낼 수도 있을 것이다. 최소한 "사제들을 위한 교황 그레고리 대제의 책"에선 발견할 수 있을 것이다. (거기서도 찾아낼 수 없는 일들이 있다면 기업 CEO들의 직무 가운데서 찾아내면 된다.)

현대교회 목사들의 직무가 성경적이라고? 만약 당신이 교황 그레고리 대제의 제자를 자처하는 가톨릭교도라면 …그럴 수 있다.

하지만 당신이 목사직을 떠나야할 정말 중요한 이유가 아직 남아있다. 앞서 거론했던 사안들보다 훨씬 더 … 뭐랄까 … 훨씬 더 인간적인 이유랄까!

제 3 부

·················

분명히 신약성경 어딘가에 목사가 등장하는 것
같다고? 그럴 수 있다. 당신이 필요할 경우엔!

제6장. 연대순으로 성경을 보고 목사를 찾아보자.

....

신약성경 안에 정말 목사가 있는지를 자세히 찾아보자.

방법은 아주 간단하다. 우리는 성경구절을 찾아 헤매지 않을 것이다. 대신 한 해 한 해, 시대순으로 신약성경의 전체 흐름을 추적할 것이다. 성령강림으로 교회가 시작된 오순절에서 출발해 계시록에 이를 때까지 어느 한순간도 건너뛰지 않을 것이다.

이제 당신이 읽게 될 내용은 연대순으로 사건을 재구성한 신약성경 전체의 이야기이다. 우리는 오순절에서부터 시작해 어느 것 하나도 소홀히 여기지 않을 것이다.

자, 우선 사도행전 1:1에서 시작해 사도행전 15:40까지 읽으라. 이것은 A.D. 30년-50년에 해당하는 시대이다.

행 1:1-15:40

....

이 부분에 해당하는 성경본문을 읽으면서 "떠났다", "떠난다", "떠나는", "작별", "그는 출발했다"라는 말들이 얼마나 자주 나오는지 헤아려보라.

이 말들이 왜 중요한가? 우리가 읽은 성경본문은 바울이 교회(갈라디아 지역의 네 교회)를 세운 후에 곧바로 그 교회를 떠나는 이야기를 담고 있다. 그는 자신이 개척한 교회를 그들 스스로에게 위임하고 서둘러 그곳을 벗어난다.

　그 교회들은 이제 막 세워진 교회들이다. 바울이 각각의 교회들과 함께 한 시간은 기껏해야 여섯 달, 안디옥으로 돌아오기까지 걸린 시간은 총 1년 반 정도였다. 그는 결코 **어느 한 곳에 오래 머물지 않았다**. 교회를 개척한 후 곧 떠나는 것은 바울에게 있어 매우 중요한 사역의 한 과정이었다.

행 15:40에서!

....

　사도행전 15:40(50년 여름)까지 읽었으면, 이제 사도행전을 잠시 덮어두고 갈라디아 네 교회들에 보낸 바울의 편지(갈라디아서)를 읽으시라. 왜 그래야 하는가? 바울이 갈라디아서를 써 보낸 것은 A.D. 50년이고 …누가의 기록(사도행전) 속에서 그 시점에 해당하는 부분이 15:40이기 때문이다. 거기가 바울이 갈라디아에 편지를 보낸 그 시점이다. "떠났다"는 표현을 계속 마음에 담고 계시라.

　신약성경시대! 하나님의 부르심을 받은 이 사람, 바울은 언제나 그렇게 …**떠났다**. 하나님의 백성들을 그들 스스로의 손에 맡기고!

장로들이 교회를 이끈다고?

....

바울이 떠나고 나면 장로들이 그 교회를 통치하지 않았겠냐고?

갈라디아서에 그런 흔적이 있는지 찾아보라! 50년, 갈라디아의 네 교회들은 생사를 가름하는 위기와 직면하고 있었다. 놀랍게도! 그런 상황에 처한 교회에 쓴 바울의 편지 안에 장로나 장로들에 대한 언급이 전혀 없다. 바울은 아예 그 사람들을 언급하지도 않는다! 오직 교회가 맞이한 위기를 '전체교회'와 자신이 직접 처리해나간다. 장로나 목사들과 의논하지 않는다. 오직 '교회'이다. 그 심각한 문제를 다루면서 장로, 목사에 대한 한마디 언급조차 없다.

이것이 지닌 함축적 의미를 생각해보라. 충분히 우리를 당황시키고도 남는다. 교회는 '공동체'로 생존하고 있었고 그들은 마치 '한 몸'처럼 움직이며 자신들이 당면한 문제를 '몸 전체'가 해결해나가고 있었다.

갈라디아교회가 위기를 맞았을 때 앞장서 이 문제를 다뤘던 한 젊은이가 있었다. 그는 갓 스무 살 정도의 젊은이였다. 바울은 이 젊은이에게 깊은 인상을 받았다. 그리고 유일하게 리더십을 보이는 이 젊은이를 교회개척자로 삼는다. 바울은 자신의 편지를 읽은 갈라디아 교회들이 스스로 자신들의 문제를 풀 수 있기를 기대했다. 만약 그들의 힘으로 해결되지 않는 문제가 있다면 **지역교회에 속하지 않은 교회개척자**가 다루게 될 터였다. 결국 교회는 자신들의 문제를 스스로 해결하든지 아니면 그 교회를 **떠난 교회개척자**의 도움을 받았다!

다시 행 15:40로

....

이제 갈라디아서를 다 읽었으면 편지를 덮고 다시 사도행전으로 돌아와 15:40부터 17:34까지를 읽어나가시라.

역시 "떠난다."는 말에 주목하며 읽으시라. 지금까지 그 말이 의미하는 바는 바울이 한 지역교회에 길게 잡아 6개월 남짓 머물렀음을 가리키는 말이었다.

데살로니가서

....

여러분이 사도행전 17:34절에 이르면, 때는 A.D. 51년도이다. 거기까지 읽었으면 다시 사도행전을 덮어두고 이젠 데살로니가전서를 펼치시라. 그러면 심각한 위기를 맞은 또 하나의 교회가 여러분 앞에 등장한다. 여기는 그리스의 데살로니가이다. 이 편지에 목사나 장로에 대한 언급이 있는가? 단 한 번도 나오지 않는다! 바울은 오직 교회 전체에게 말하고 있을 뿐이다. '몸'을 이룬 교회, 설탕시럽처럼 끈끈히 엉킨 공동체가 데살로니가전서에서 후서에 이르기까지 두드러지게 부각될 뿐이다. 이들은 오늘 우리의 생각이 감히 미칠 수 없는 방식으로 서로를 깊이 알고 있었을 뿐만 아니라 마치 그들 전체가 하나의 '몸'인 것처럼 움직였다!

그들은 자신들의 문제를 풀어낼 "공동체적 방식"을 가지고 있었다. 그들 안에 불거진 문제들은 '교회 안에서' 교회전체의 손에 의해 다뤄졌고, 아니면 '교회 밖에서' 단기간 방문하여 짧은 도움을 펼치거나 편지를 보내는 교회개척자(바울)의 손에 의해 다루어졌다. 교회가 맞이한 문제를 처리하는 것은 지역교회의 목사나 장로들이 아니었다. 데살로니가전서를 모두 읽으셨는가? 그렇다면 편지를 잠시 덮고 다시 사도행전 17:34-18:1을 읽어나가시라.

행 17:34-18:1
·················

길지 않은 본문이다. 모두 읽었으면 다시 데살로니가후서로 돌아가라. 이제 때는 52년 초로 접어들었다.

이 편지 안에 목사의 활약이나 활동이 장황하게 설명되고 있는가? 매주, 매년 …그렇게 영원히 …교회 안에서 두드러진 활동을 펼치는 그들의 역할이 소개되고 있는가? 그렇지 않다. 목사의 그림자도 보이지 않는다. 장로나 목사에 대한 언급자체가 없다. 그 어느 곳에서도!

행 18:1-19:22
·················

데살로니가후서를 덮고 다시 사도행전 18:1-19:22까지를 읽어나가시라. 때는 여전히 52년이다. 데살로니가후서 다음에 기록된 바울의 편지는 고린도전서이다. 이 두 편지 사이에 5년이라는 시간이 경과된다. 즉, 데살로니가후서가 52년에 기록되었으니, 18:1-19:22

사이에 5년이 지났다는 말이다.

19:22까지 읽었으면 사도행전을 덮고 이젠 고린도전서를 펼치시라.

바울은 그리스의 세 지역에 교회를 일으켜 세웠다. 바울이 그 각각의 교회와 함께 보낸 시간은 여섯 달 남짓이었다. 이제 그는 고린도에 들어가 교회를 세울 것이다. 그리고 그들과 약 18개월을 함께 보내게 된다. 바울은 54년에 고린도교회를 떠났다. 그리고 안디옥으로 잠시 복귀했다가 다시 소아시아로 발길을 돌렸다.

바울이 52년, 데살로니가후서를 기록했던 때로부터 57년, 고린도전서를 쓰기까지엔 5년이라는 세월이 흘렀다.

고린도교회는 심각한 갈등에 접어들고 있었다. 특별히 주의를 기울여 이 고린도전서를 읽으시라.

편지를 쓸 당시 바울은 에베소에 있었다. 고린도전서를 기록한 곳이 바로 여기이다. (한 교회를 떠나 다른 교회를 개척하고 …다시 거기를 떠나 또 다른 지역으로 이동하는 …교회개척자!!)

고린도전서를 읽으시라. 어떤 시각으로 읽어도 상관없다. 문제들의 종합세트인 고린도교회! 이 교회의 위기를 다루는 바울의 편지 속에 목사나 장로들이 언급되는지 찾아보라. 단 한 번이라도! 고린도교회는 네 분파로 나뉘어 갈등을 겪고 있었다. : 베드로를 지지하는 그룹, 아볼로그룹, 예수만 따르겠다는 그룹, 그리고 바울을 지지하는 그룹. 하지만 그 오합지졸의 혼란을 다루면서도 목사나 장로에 대한 언급은 단 한 줄도 나오지 않는다. 오직 하나님의 백성들과 그 교회를 개척한 후 멀리 떠나있는 교회개척자의 손에 교회의 위기가 다뤄지고 있을 뿐이다. 그것이 전부이다.

행 19:23-20:4

··················

이제 고린도전서를 덮으시라. 다시 사도행전으로 돌아가 19:23-20:4을 읽으시라. 매우 짧은 본문이지만 매우 함축적인 내용들이 이 안에 담겨져 있다.

고린도후서와 로마서

··················

바울은 지금 그리스 빌립보에 있다. 그의 편지가 이미 한 차례 '고린도교회'에 보내진 뒤다. 고린도교회의 장로들이나 목사에게 보내진 것이 아니다. '교회'에 보내졌다. 이것이 58년도의 일이다.

행 20:1-4은 매우 짧지만 그 안에 굉장한 일들이 응축되어 있다. 이 본문은 A.D. 58년의 네 달 남짓한 기간에 일어난 일들을 담고 있다. 그럼에도 바울은 그 네 달 동안 그야말로 분주한 시간을 보냈다. 그는 북그리스에 있었고 거기서 고린도교회에 보내는 두 번째 편지를 썼다(고린도후서). 바울이 거기 있는 동안 제국 도처에서 적지 않은 신자들이 빌립보로 집결하고 있었다. 이 이방인-그리스도인들은 이탈리아 로마로 들어가 그곳에 교회를 세울 사람들이었다.

바울은 이 담대한 영혼들과 함께 그리스 동쪽에서 서쪽을 가로 질

러 그리스 항구도시 디라키움(오늘날의 두러스)에 도착했다. 디라
키움은 이탈리아 항구도시 브린디시로 향하는 아드리아해(Adriatic
Sea) 맞은편에 위치하고 있었다. 바울은 로마교회의 터전이 될 이 순
례자들을 로마로 배웅하면서, 그들이 그곳에 도착하면 곧 편지를 보
내겠다고 약속했다.

디라키움에서 브린디시로, 그리고 거기서 다시 로마로 진입할 이
담대한 그리스도인들을 보내고 나서 바울은 그리스 서쪽 해안을 따
라 북쪽으로 여정을 계속해 달마디아의 일루리곤에 들어갔다. 그리
고 거기서 복음을 전한 후 다시 빌립보로 돌아왔다. 그 후 바울이 방
문한 곳이 고린도 남부지역이었다. 이방제국 로마에 가장 잘 어울리
는 이방인교회를 세우기 위해 로마 본토로 진입한 브리스길라 · 아
굴라부부와 디라키움에서 배웅했던 담대한 신자들에게 바울이 편지
(로마서)를 써 보낸 곳이 바로 거기 고린도에서였다.

로마교회에 보내는 편지를 다 쓰고 나서 (로마서 16장을 보라, 당
신은 거기서 최근 로마에 도착한 거룩한 순례자들을 만날 수 있다.)
바울은 에베소에서 훈련시킨 여덟 명의 형제와 함께 예루살렘 길에
오르기로 결심했다. 지금까지 일어난 이 모든 일이 그해 58년의 넉
달 사이에 일어났던 사건들이고 사도행전 20:1-4사이에 압축되어
있다.

이와 같은 배경을 마음에 두고 사도행전 20:1-4과 고린도후서, 그
리고 로마서를 차례로 읽어보라. 두 편지 모두 58년에 작성되었고 그
안에 목사나 장로들에 대한 단 한 줄의 언급도 없다!

사도행전이 끝났다. 그러나 이야기는 계속된다

....

사도행전 20:5-28:31의 내용은 58년-63년 사이의 일들이다. 바울이 이 기간 동안에 작성한 편지는 없다. 그리고 그렇게 사도행전은 끝난다. 그러나 아직 우리에겐 바울의 또 다른 서신 **7편**이 남아있다.

사도행전 그 이후에 기록된 바울의 편지들

....

이제 사도행전 없이 우리의 여정을 계속해야 한다. 우리가 살펴볼 다음 편지는 바울이 로마감옥으로 이송된 후에 제일먼저 기록한 편지, 바로 골로새서이다.

소도시, 골로새

....

한 젊은 교회개척자가 로마감옥에 있는 바울을 방문했다. 이 젊은이는 에베소에서 동쪽으로 약 90마일 떨어진 소도시 골로새 출신의 젊은 그리스도인이었다.

'에바브라' 라는 이름을 가진 이 젊은이는 그의 고향 골로새와 인근 두 개의 마을에 각각 교회를 개척했던 청년이었다. 그리고 바울을 만났을 때 그 소식을 들려주었다.

거기 골로새에는 바울과 친분이 깊은 또 한 사람의 점잖은 그리스도인이 살고 있었다. (빌레몬이란 이름의 이 신사는 아마도 바울이

에베소에 있을 때 그곳을 방문했다가 바울의 손에 이끌려 그리스도를 만났을 것이다.)

에바브라(그리스 지역의 교회들은 그를 에바브라디도라고 불렀다.)가 세웠던 골로새교회의 모임이 바로 이 사람, 빌레몬의 가정집 거실에서 열리고 있었다.

바울은 자신이 한 번도 방문하지 못한 이 골로새교회에 편지를 쓰기로 작정했다. 편지의 내용은 **만물위에 뛰어나신 그리스도의 탁월하심**이 그 주제가 될 터였다.

먼저 이 한 가지 사실에 주목하시라. 골로새는 인구 약 5천명의 소도시였다. 이 사실은 말할 수 없이 중요하다. 대부분 양을 사육하는 것이 주 생계수단이었던 이 사람들 중에 골로새교회를 형성했던 그리스도인들은 기껏해야 빌레몬의 가정 집 거실에 둘러앉을 정도의 인원이었다.

그 골로새교회의 가정집 거실에 오늘날 당신이 알고 있는 그 목사를 대입해보라. 또 당신이 알고 있는 그 장로들을 거기에 대입해보라. 골로새서가 기록된 것은 63년이었다. 이것이 왜 그렇게도 중요한 사안이 될 수 있는가? 자, 골로새서를 자세히 읽어보라, 그 후에…

에베소서를 열라(그리고 마음을 단단히 먹으라)

....

에베소서는 에베소교회에 보낸 편지가 아니다!

(바티칸사본과 시내사본을 보라.) 에베소라는 말은 그 편지에 원

래 빠져있었다. '에베소' 대신에 빈칸이 자리하고 있었다. 바울이 수신자를 **명시하지 않은** 그 편지를 썼을 때, 그리고 이후 300년 이상, 그러니까 A.D. 400년까지도 그 편지의 서두는 빈칸으로 남아있었다. 그렇다면 이 편지의 수신자는 대체 어떤 교회인가? 그것은 에바브라가 세운 골로새지역의 세 교회, 즉 골로새, 히에라볼리, 라오디게아교회가 서로 돌려 읽도록 보내진 회람서신이었다. 이 세 교회는 모두 10마일 안팎의 거리에 삼각편대를 이루고 있었다.

이제 골로새, 히에라볼리, 그리고 라오디게아에 보내진 이 회람서신을 읽어보자. 편지의 주제는 무엇인가? : '만물의 중심인 교회' 가 그 핵심주제이다.

이 편지에 등장하는 그 유명한 "오중은사"를 특별히 눈여겨보라. (당신도 종종 이런 주장을 들어본 적이 있을 것이다. : "우리 가운데 '오중은사', 혹은 '오중사역'이 회복되어야 합니다!!")

이것이 바로 문맥이나 배경과 상관없이 성경구절을 발췌하였을 때 대두되는 대표적인 오류 중 하나이다.

오중은사의 실제 배경
....

전체 인구가 5천명 남짓의 소도시 골로새! 거기 빌레몬의 가정집 거실은 기껏해야 30-75명 정도의 신자들이 둘러앉기조차 벅찬 공간이었을 것이다. 사실이 그러함에도, 이 본문(사도, 선지자, 교사, 목사, 복음전도자. 역주.)을 읽는 우리들의 머릿속엔 수만명의 신자들이 모여 앉은 경기장에서 뜨거운 설교를 쏟아놓는 한 사람의 유명한 복음전도자나 목사가 그려진다. 우리 눈에는 사도들조차 복음전도자나 목사로 보인다. 그렇지 않은가? 우리는 단지 열 네 명의 사도들을 알고 있을 뿐이다. (예수님의 열두 제자+바울, 그리고 바나바. 역주.) 그럼에도 우리는 골로새교회에도 목사 한명, 히에라폴리스교회 안에도 목사 한명, 라오디게아교회 안에도 목사 한명이 있어서 그들이 매 주일 장황한 설교를 늘어놓고 나머지는 침묵한 채 그 설교를 듣고 있었다고 생각한다.

"아닙니까? 당연히 그때도 목사가 있지 않았습니까? 성경(에베소서)에도 그 사실이 분명히 언급되고 있지 않습니까?" …당신도 이런 말을 종종 들었을 것이다.

이것이야말로 무서운 일이다. 이것이 성경을 보는 전형적인 우리의 사고방식이다.

목사는 현대교회에서 전체 기독교세계를 움직이는 열쇠요, 심장이요, 중심이다. 그를 제거해보라. 개신교 자체가 무너질 것이다. 그런데 그 목사라는 말이 바울의 편지 속에 단 한 번 등장한다. 바울의 그 한 마디에 현대교회 목사의 존재근거를 송두리째 의지하는 것이다. 그런데 바울은 지금 골로새라는 이 조그만 마을의 가정집 거실에 둘러앉은 한 무리의 신자들에게 말하고 있다. 그렇다. 골로새 지방의 세 교회에 보낸 편지(우리가 에베소서로 알고 있는!)에 목사라는 단어가 단 한 번 나온다(신약성경 전체에서!). 그런데 '목사'가 아니라 '목사들'이다. 우리는 그저 그 말을 목사라고 읽어왔지만 그 말은 사실 복수로 사용되었다. 생각해보라. 여기 기껏해야 백 명이 넘지 않는 한 그룹의 신자들이 가정집 거실에 둘러앉아 있다. 그 가운데 여러 명의 목사들이? 더군다나 복음전도자들까지? 그것도 모자라 교사들까지? …기타 등등! 어떻게 그런 일이 가능하다고 생각하는가?

매 주일마다 메시지를 전하는 한 사람의 목사? 환자들을 심방하고 죽은 자를 매장하고, 젊은 커플들의 주례를 서고, 중요한 스포츠 게임을 앞두고 축복기도를 해주는? 이것이 골로새교회의 모습이었을까? 그럴 리가 있는가!

대체 현대교회에서 일어나는 이 엄청난 일들을 어떻게 이 한 단어에서 끌어낼 수 있다는 말인가? 골로새 지역의 세 교회에 보낸 회람 서신 가운데 스치듯 지나가는 이 한 단어는 오늘날의 목사직을 결코 지지해주지 않는다.

결론적으로 말하면 …목사직은 종교개혁의 인위적인 창조물이다.

세계에서 가장 큰 신학교 도서관

....

나는 세계에서 가장 큰 미국 남침례신학대학교에 접속할 수 있다. 그 도서관에서 가장 큰 섹션 중의 하나가 **목회사역**과 관련된 자료들을 모아놓은 곳이다. 그 수만 권의 책들이 골로새서(우리가 에베소서로 알고 있는! 역주.)에 등장하는 그 한 단어에 매달린 채 쏟아져 나온 자료들이다! 하지만 그 많은 책들 중에 현대교회 목사직의 성경적 배경을 입증하는 책이 단 한권이라도 있을까?

그렇다. 단 한권도 없다!

목사는 성경적인 존재가 아니다. 그저 기독교역사 속에 불쑥 개입한 한 전통일 뿐.

기독교역사를 통전하여 목사직을 성경적으로 방어하기 위해 책을 썼던 사람은 단 한 사람도 없다.

가장 **성경적인 사람이 되도록** 부름받은 우리! 그래서 성경에 근거한 일을 수행하도록 부름받은 우리가 현재 서 있는 곳이 바로 이 비성경적인 지점이다.

한 마디 곁들이겠다. 나는 금화 한 닢을 보관하고 있다(1온스짜리). 이것은 현대교회의 목사직을 성경적으로 뒷받침한 책을 발견하는 사람에게 주기 위해 내가 오래전부터 보관해온 금화이다. (다만 지금 당신이 읽고 있는 이 책이 출판되기 이전에 쓰여진 책이어야 한다! 혹 미래에 누군가 그런 책을 쓴다면? 좋다. 그 사람에게도 금화를 주겠다. 다만 지금 당신이 읽고 있는 이 책이 전개한 방식, 즉 성경구절을 발췌하는 것이 아니라, 신약성경 한권 한권을 그 기록된 순서와 연대대로 추적하는 방식이어야 한다!)

지금까지 딱 한 차례, 나는 목사직의 성경적 근거를 다룬 글을 발견한 적이 있다. 한 권도 아니고, 한 장도 아니고, 오직 한 문단으로 된! 지금까지 내가 발견한 것은 오직 그 한 문단이었다. (디모데가 에베소교회에서 목사로 일했다는 간략한 주장을 담은!) 그게 사실인가? 디모데가 에베소에서 목사직을 수행했는가? 이보시라. 디모데는 바울의 보냄을 받아 교회를 개척하고 …떠나고, 다시 개척하고 …
또 떠나는 …그리고 온 소아시아를 떠돌며 교회들을 방문하는 순회
교회개척자로서의 삶을 살았다.

우리는 이제 바울이 기록한 또 다른 편지들을 살펴보아야 한다.
하나는 친구 빌레몬에게 보낸 편지이고 다른 하나는 빌립보교회에
보낸 편지이다. 골로새서와 다른 회람서신들처럼 이 두 편지 모두 63
년에 쓰여졌다.

빌레몬에게 사적으로 보낸 이 편지가 목사직의 성경적 근거를 우
리에게 제공할까? 그렇지 않다.

그렇다면 이제 만나보아야 할 편지가 빌립보서이다! 와우! 드디
어 이 편지에 **장로**들에 대한 언급이 나온다.

빌립보 성도들에게 안부 인사를 건네면서 바울은 형식적으로 장
로들을 언급하고 지나간다. 그리고 편지의 나머지 내용 전체가 '한
몸'인 전체 교회에 주는 말씀뿐이다.

디모데전서와 디도서

······

우리에게 성경의 배경을 아는 지식이 필요하다면 디모데전서와
디도서야말로 그 배경을 잘 알고 있어야 할 책이다.

사람들은 장로직과 관련한 엄격한 기준을 주로 이 두 권의 책에서
뽑아 사용해왔다.

때는 65년이다. 65년에 무슨 일이 일어나고 있었을까? 이스라엘

은 종말의 전조가 될 시민전쟁에 휩싸여 있었다. 그야말로 교회 역사상 최악의 살육이 벌어지고 있었다.

바울이 왜 이 편지를 쓰게 됐는지 그 시기를 눈여겨볼 필요가 있다. 임박한 전쟁을 예감하며 **유대인-그리스도인들의 집단적인 탈출**이 줄을 잇고 있었다. 다른 한 쪽에선 로마 군인들이 이스라엘 경내로 진군해 들어오고 있었다(약 6만 명의 보병과 함께 해군까지도!).

가련한 디도! 그는 수년 동안 크레타 섬(Island of Crete)에서 사역해오고 있었다. 섬 전역에 교회를 세우고 있었으나 그가 결코 하지않았던 일 중의 하나는 장로를 세우는 것이었다. (그 사실을 주목하라.)

바울은 예루살렘에서 집단 탈출하는 유대인-그리스도인들이 크레타 섬으로 피신할 것에 대해 걱정하고 있었다. 유대인들은 **장로제도에 길들여져** 있었다. (바울은 탈출하는 유대인-그리스도인들이 이방인교회에 유입될 경우, 그들과 이방인-그리스도인들이 한 몸을 이루는데 도움이 될 장로를 서둘러 세우라고 디도와 디모데에게 권면하는 것이다. 역주.) 한편 소아시아에 있던 디모데는? 소아시아의 이방인교회들 역시 장로가 무엇인지에 대해서도 모르고 있었다. (그 사실을 주목하라.) 어쨌든, 디모데가 장로의 자격조건을 모르고 있었거나 소아시아의 교회들이 모르고 있었거나 둘 중 하나일 것이다! 어느 쪽이든, 장로들이 이방인교회의 근간이 아니었다는 사실은 분명하다.

한편, 베드로 역시 유대인-그리스도인들이 소아시아로 유입되는 상황을 예의주시하고 있었다. 유대인-그리스도인들이 바울이 세운 이방인교회들로 유입될 것이 예측되는 상황에서 베드로 역시 서둘러 편지를 보내게 된다. (물론 그는 문맹이었기에 다른 사람, 아마도 마가가 대필했을 것이다. 역주.) 베드로는 그의 편지 안에서 유대 그리스도인들이 (이방인)장로들에게 복종할 것을 주문하고 있다. (그들이 이방인교회에 피신할 경우, 그 이방인교회에 세워진 장로들에 복종함으로 교회의 평화와 일치를 꾀하라는 편지인 것이다. 역주.)

일이 그렇게 된 것이다. 우리는 이 두 편지 속에서 장로들이 세워지는 모습을 목격할 수 있다. 하지만 그것은 오늘 우리들이 알고 있는 그 현대교회의 장로들과 **완전히 다른** 사람들이다.

어떤가? 바울의 모든 편지 가운데서 당신은 목사를 보았는가? 교회개척자들은 존재한다. 그러나 목사 혹은 목사직의 그림자조차 당신은 볼 수 없었을 것이다.

디모데후서

....

찬찬히 이 편지를 읽어보라. 현대교회의 목사직을 정당화할만한 어떤 구절도 찾아낼 수 없을 것이다. 때는 67년 겨울이다. "소아시아의 모든 이들"이 그를 배신했던 그 겨울, 바울은 그의 가장 친한 친구에게 편지를 쓴다. 그렇게 바울의 편지는 모두 끝난다.

제7장. 그 외의 신약성경 문서들

....

히브리서

....

히브리서는 어떤가? 목사나 장로에 대해서 역시 단 한마디의 언급도 없다. 베드로후서? 없다. 요한 1,2,3서? 전무하다. 유다서? 없다. 야고보서가 언제 쓰였는지는 아무도 모른다. 연대기적으로 이 편지를 어디에 놓아야 할지 우리는 확정할 수 없다. 어떤 이들은 갈라디아서(50년) 다음일 거라고 말한다. 다른 이들은 계시록만큼이나 훨씬 이후의 시대에 놓는다. 다만 야고보서가 매우 유대적인 문서이고 유대인들에게 보내졌다는 사실은 분명하다. 장로들이 한 차례 언급된다. 병든 자들을 위해 기도하라는 대목에서!

계시록은 어떤가?

....

계시록 전반에 장로들이 등장한다. 하지만 여기서 말하는 장로들은 모두 하늘에 있는 장로들을 말한다.

목사는? 계시록은 이해하기 어려운 책이다. 그래서 많은 종교적 음모들이 이 책을 근거로 모의 된다. 하지만 어느 대목에서라도 목사와 비슷한 사람이 나오는가 보라.

결론

....

바울은 교회들을 일으켜 세우고 곧 그곳을 떠났다. 그가 세운 교회들 안에 설교를 전문으로 제공하는 사람은 존재하지 않았다. 그렇다면 장로들은? 예루살렘교회엔 많은 장로들이 있었다. 안디옥엔 전혀 없었다. 사도행전 15:20에서, 야고보는 안디옥교회로 보낼 한 편의 서신을 제안한다. 22절엔, "사도들과 장로들, 그리고 전 교회가 그들 중에서 몇 사람을 택해 안디옥으로 보내는 방안을 좋게 여겼다."고 설명한다. (그러나 편지의 수신자-안디옥, 즉 이방인교회-를 언급하는 곳에선 전혀 장로들이 나오지 않는다. 역주.) 이방인교회 안에는 장로들이 없었고 혹 있었다 할지라도 그 리더십 측면에서 2차적인 역할, 즉 그리스도의 '몸'으로서의 전체교회에 부차적인 역할로 제한되고 있었다! (결코 지도하고, 이끌고, 장악하고, 조정하고, 통제하고, 다스리는 역할이 아니었다! 역주.)

결국 우리가 성경에서 명명백백히 그 사실을 확인할 수 있는 두 가지 핵심, 곧 오늘 우리가 반드시 회복해야 할 두 가지 절박한 핵심이 여기 있다. : 1) 결코 어느 곳에서도 오래 머물지 않고 속히 이동하는 교회개척자! 2) 한 몸으로 기능하는 평신도들에 의해 이끌리는 교회! 이 두 가지를 현대 그리스도인들의 사고방식에 적용해보라. **앉아서 듣는데 익숙해진 그들에게!** 실제로, 오늘날 그리스도인들의 모임 안에서 이 '몸'의 기능을 철저히 가로막는 장본인은 바로 목사 중심적 사고방식이다.

그리스도인들이 편안하게 서로의 말에 끼어들어, 권면하고, 위로하고, 훈계하며, 믿음을 독려하고, 함께 성경을 읽으며, 서로에게 시편을 읽어주고, 서로 말씀을 나누는 주일아침의 모임을 한번 그려보라. (고린도전서 14장; 골로새서 3:16)

만약 현대교회의 목사가 1세기의 모임에 참석한다면 여기저기서 아무 때나 끼어드는 사람들과 그들의 질문 때문에 결코 그의 설교를 계속하지 못할 것이다. (그가 목사 가운을 입고 높은 단상에 올라간다면 거기 모인 사람들이 그를 어떻게 생각할지 나는 개인적으로 매우 궁금하다.)

기억하시라. 지금 우리는 어떻게든 성경적인 사람이 되기 위해 안간힘을 쓰는 중이다.

이제 목사로 서 있는 한 사람 한 사람에게 내가 개인적으로 드리고 싶은 말씀이 있다.

제8장. 내가 이 책을 쓴 까닭은?

....

목사직을 두고 고심하던 초기에, 나는 어리석게도 동료 목사들에게 나의 고민을 말해버렸다. 목사직과 관련한 모든 것을 내려놓아야 할 것 같다고! 그들의 반응은 황당함, 그 자체였다!

나는 이 주제를 수면 위로 올린다는 것이 그렇게 만만치 않은 일임을 알게 되었다. 그로부터 몇 년이 지나도 이에 대한 큰 반향은 보이지 않았다. 그러나 요즘은, 소수의 목사들이 목사직의 성경적 근거에 질문을 던지며 신약성경 속에 목사직과 유사한 어떤 것도 없음을 고민하기 시작한다. 어쩌면 앞으로 3백년쯤 지나면 기독교세계 전체에 이 주제로 말미암아 대 격변이 올지도 모르겠다.

문제는 "목사가 성경적인 인물인가!"라는 주제가 아니다. 실제로 대부분의 목사들은 그렇지 않다는 사실을 이미 알고 있다. 그보다 더 중요한 질문은, "그렇다면 목사인 내가 이 땅에서 목사직 대신 무엇을 할 것인가!"라는 것이다. 대부분의 목사들이 내린 결론은 "그냥 가만히 있는 것"이다. : "잠자코 있어라." "괜히 평지풍파를 일으키지 말라." "나는 아직 위클리프나 존 후스나 틴들이 될 준비가 되어 있지 않다." 이것이 바로 그들이 내린 최종 결론인 듯하다.

어쩌면 이것이 옳은 판단인지도 모른다. 이와 관련해 우리가 할 수 있는 일이 무엇인지 도무지 손에 잡히지 않기 때문이다.

만약 우리가 하나님의 새로운 부르심을 받았다면 현재 목회사역

가운데 있는 우리들이 해야 할 일은 무엇이란 말인가?

나는 사실, 이미 그 답을 **발견한** 사람들을 위해 이 책을 쓰고 있다. (신약성경 안에, 그리고 당신의 깊은 곳에서 불쑥불쑥 올라오는 그 계시 속에 답은 이미 주어졌다.)

내게 있어, 그것은 1세기 교회개척자의 회복, 그리고 한 몸으로 기능하는, 흥미진진한, 그리고 자유로운 교회를 일으켜 세우는 일, 그 두 가지이다. 우리가 하나님의 부르심을 받은 이유는 그것이다. 교회의 기능과 그 외 1세기의 모든 것을 실제 그대로 온전히 회복하는 일, 바로 그 지점이 당신이 부름받은 장소이다.

이 모든 여정을 가로막는 장애물들은 실로 두렵기 이를 데 없다. 어쩌면 당연하다. 만약 당신의 공포가 당신의 부르심을 압도한다면 그냥 머물러계시라. 그러나 만약 당신이 떠나고자 한다면 깊은 신념을 가지고 떠나시라. 그렇지 않으면 당신은 "외로운 정글" 속에서 길을 잃게 될 것이다. 만약 많은 눈물을 흘리더라도 떠날 수밖에 없다는 결론이 당신 안에 내려진다면, 나는 바로 당신을 위해 이 책을 썼다.

가정교회 지도자들에게 보내는 공개편지

서언

이제 당신이 읽게 될 편지는 제가 가정교회 운동에 몸담은 대여섯 명의 형제들에게 보냈던 편지입니다.

편지를 다 쓰고 나니 그동안 내게 주어졌던 영적인 부담감과 거룩한 기쁨, 그리고 사역의 본질이 이 짧은 편지글 안에 잘 정리되어 있다는 사실을 발견했습니다. 그래서 더 많은 사람들이 편지를 읽었으면 좋겠다는 생각을 하게 된 것입니다.

재차 편지를 검토하면서 나는 내용을 조금 수정하고 다시 풀어 쓸 필요를 느꼈습니다.

전통적 교회관습을 벗어나 이를 대체할 교회경험을 찾으려는 사람들, 이미 가정교회 운동에 몸담은 사람들과 앞으로 합류하려는 모든 이들에게 이 편지가 도움을 줄 수 있도록 말입니다.

현재 가정교회 운동은 간신히 그 개념 정도가 세워지는 유아기에 머물고 있습니다. 이 편지는 그리스도와 그분의 교회가 맺게 될 전적으로 새로운 관계가 가정교회에서 흘러나오게 될 것이란 소망과 그 모습을 우리가 곧 보리라는 기대 가운데 기록되었음을 밝힙니다.

나의 형제들에게.

....

가정교회 운동을 섬기는 존경하는 형제들에게 드립니다.

제가 이 편지를 쓰게 된 이유가 있습니다. 그것은 가정교회 운동의 미래와 깊은 관련이 있습니다.

알다시피 우리는 "가정교회 운동"이라는 놀라운 현상을 목격하고 있습니다. 나아가 이 운동은 앞으로 20년 안에 기독교 세계에서 가장 주목받는 하나의 흐름이 될 것입니다. 규모 면에서가 아니라 그 영향력 면에서, 가정교회 운동은 오순절 운동의 초기(1900-1920)와 견줄 수 있을 것입니다. "바로 그 사실"이 제가 이 편지를 쓰게 된 원인중의 하나입니다.

오순절 운동이 처음에 취했던 방식은 이 운동이 장차 미치게 될 잠재적 영향력을 이미 결정짓고 있었습니다. 다시 말씀드리면, 오순절 운동은 시작부터 결핍된 부분을 가지고 있었습니다. 제가 판단하건데, 여전히 초기 단계의 소규모 활동에 머물고있는 우리 역시 치명적인 결함을 가지고 있는 것 같습니다. 극히 위험스러울 정도의 결함!

제가 편지를 드리는 목적이 여기 있습니다.

저는 제가 몸담은 이 가정교회 운동에 두려움을 느끼고 있습니다. 우리의 현재 상황은 1900년과는 많이 다릅니다. 그리고 가정교회 운동은 하나님 그분 자신에 의해 전개되고 있습니다. 오순절 운동이 초기에 가지고 있었던 결함과 지금 우리가 겪는 결핍이 다를 수는 있겠지만 그 본질은 동일하다고 생각합니다. 제가 걱정하는 것이 무엇인지 말씀드리기 위해 다섯 가지 항목으로 이 문제를 다루고자 합니다.

편지1

....

우리 가정교회 운동은 예수 그리스도와 깊이
동행하는 일에 실제로 관심이 없습니다.
그리고 그것을 강조하지도 않습니다.

우리가 전하는 메시지를 가만히 들어봅니다. 점심식탁에서 사사로이 나누는 우리의 대화에 귀 기울여 봅니다. 예수 그리스도와의 깊은 동행을 언급하는 대화를 접할 수가 없습니다.

사실 요즘엔 그런 소리를 들을까 싶어 오히려 겁이 나기도 합니다! 왜요? 우리가 제도권 교회에 있었던 때를 기억하십니까? 우리는 우리 자신도 알지 못하는 것들을 설교했습니다. 일단 설교하면 우리가 설교한 내용들이 우리 삶의 일부가 될 것이란 믿음을 가지고 말입니다.

우리의 아버지들 역시, 그리고 우리 아버지들의 아버지들 역시도 예수 그리스도를 깊이 아는 것과 관련된 어떤 지식이 없었습니다. 그런 지식들은 제도권교회의 유산이 아니었습니다. 그렇다고 전통적인 교회 밖으로 걸어 나오기만 하면 이 지식이 우리에게 부여되는 것도 아닙니다. 그리스도와의 깊은 동행에 대해 **설교**하거나 그 주제로 토론한다고 해서 성취되는 것은 더욱 아무것도 없습니다. 가정교회 운동 안에 이 지식에 대한 실제가 없다면 우리의 운동은 실로 아무것도 아닙니다. 우리는 정말로 내세울 어떤 것도 없는 셈입니다. 우리 안에 새롭다 할 만한 어떤 것이 없습니다. 우리가 어떤 사안을 강조한다고 해서 그것이 진정한 공헌을 하는 것도 아닙니다.

더 깊은 영역의 영적실제, 이것에 대한 갈망과 집중이 전통적인 기독교나 교회 안에는 존재하지 않습니다.

그리스도를 깊이 아는 것은 기독교인들의 사고방식 속에 중요한 요소가 아니었습니다.

복음주의 문서들은 이 주제에 대한 어떤 것도 담고 있지 않습니다. 깊은 영적 삶을 배우는데 필요한 어떤 내용도 복음주의자들의 삶과 가르침, 책과 설교 안에 들어있지 않습니다. 우리 복음주의자들은 주님을 객관적인 영역에서 **객관적**으로 바라보는데 익숙해져 있습니다.

그분과 우리의 관계는 거의가 이론적입니다.

주님을 위해 무슨 일이든 열심히 행함으로써 우리는 우리 안의 이런 결핍들을 메우려고 시도합니다. 1세기 교회들이 어떻게 운영되었는지를 살피고 그것을 모방하려고 시도하기도 합니다. 그런 시도들이 성공하기만 하면 그것이야말로 가장 지혜로운 방법일 거란 믿음으로 말입니다. 물론 기도도 하고 성경도 읽습니다.

그러나 예수 그리스도와 깊은 관계를 맺는 것과 **이 모든 것들**은 아무런 연관이 없습니다.

그분에 대한 우리의 지식이 어느 정도로 빈약한 것일까요? 아니 우리가 그분을 얼마만큼 알고 있는 것일까요?

나는 31년 전에 목회자의 길을 떠나왔습니다. 한 가지 이유가 있었습니다. 예수 그리스도를 알고 싶었습니다. 깊이. 그리고 경험적으로. 그 당시 이것에 대해 내게 말해줄 어떤 장소도, **어떤 사람도** 나는 발견할 수 없었습니다.

아니 **누구도** 이 일에 관심이 없었습니다.

나는 말 그대로 세상을 떠돌았습니다. 그 여정 중에 A.D. 600년-현재까지 이 주제를 다룬 모든 문서들을 찾아 읽었습니다. 나는 **정말** 어떤 것도 발견하지 못했습니다.

내가 이 주제와 관련하여 이론이 아닌 어떤 실제를 발견한 것은 책이 아니고 몇 몇 사람들의 삶 가운데에서였습니다. 나의 이 여정이 끝나는 데는 많은 세월이 필요했습니다.

깊은 영적 삶에 대한 이 세대의 오랜 결핍이 가정교회 운동으로 느닷없이 채워지지는 않을 것입니다. 수 세기 동안 지속된 이 오랜 결핍은 지금도 존재하며 우리 안에도 여전히 남아있습니다.

나는 가정교회 운동에 참여하는 사람들이 영적인 일, 특히 이 주제와 관련하여 깊은 관심을 가지고 있다고 믿어지지 않습니다. 누군가 하나님의 백성들에게 이 문제에 대해 설교하며 이 문제를 풀어내기 위해 애쓴다는 말을 쉽게 믿을 수 없습니다.

왜냐면 우리들 대부분은 이 문제에 있어…**상투적입니다!**

주님을 더 잘 알지 못해 탄식하며 절망하는 경우를 저는 목격한 적이 없습니다. 이 **절망의 상태**야말로 이 특별한 문제가 풀리기 시작하는 지점인데도 말입니다.

당신은 우리 가운데서 이런 절망을 본 적이 있습니까? 아니면 이 주제에 이끌리는 강렬한 관심을 목격한 적은 있습니까?

제가 지금 오해하는 것이라면 차라리 좋겠습니다.

미국 내 가정교회 운동을 하는 사람들과 사사로이 앉아 대화하는 자리에서 나는 이 주제가 등장하는 것을 보지 못했습니다. 내가 이 주제를 꺼냈을 때 그들의 동공 속에 드러나는 결핍을 확인할 수 있었습니다.

이블린 언더힐(Evelyn Underhill 1875-1941. 평신도로서 신비주의를 하나의 학문으로, 그리고 대중들의 영성생활 속으로 끌어들인 영국의 여성작가. 역주)은, "기독교 역사에서 주님을 깊이 알았던 사람들에겐 공통적으로 소유한 것이 있었습니다. 그들 모두는 '다른 세계'에 대한 '다른 차원의 풍성한 경험'이 있었습니다."라고 말했습니다. 나는 가정교회 운동을 하는 사람들의 눈과 심장 속에 이 영역에 대한 풍성한 경험이 존재하는 것을 목격한 적이 없습니다.

만약 이것이 사실이라면 이는 결코 사소한 문제일 수 없습니다.

과연 우리는 이 오랜 결핍을 채우기 위해 무엇을 해야 할까요? 설교? 그것으론 아무것도 변화시킬 수 없고 심지어 우리 자신에게도 아무런 영향을 주지 못할 것입니다.

이 결핍은 1700년 동안 지속되어 왔습니다. 다른 어떤 결핍보다도 더 오래 교회의 응접실에 버티고 있는 문제입니다.

제 판단으로 이 문제는 1천 년 전이나 지금이나 여전히 심각한 것 같습니다. 실제, 기독교 역사에서 이 문제는 영구적인 상태로 항상 존재해왔습니다. 그것이 바로 이 문제가 가진 곤혹스런 부분이었고 지금도 그러합니다.

하지만 가정교회 운동은 이것을 바꿀 수 있습니다. 그 변화를 위해 필요한 것이 있습니다. 극도의 겸손함! 우리 역시 이 1700년 된 문제 앞에 노출되어 있다는, 즉, 우리의 아버지들처럼, 우리 역시 이 문제의 해결책을 가지고 있지도, 풀지도 못한 상태임을 인정하는 겸손함 말입니다. 그것은 우리가 지금 엄청난 결핍 가운데 있고 큰 문제를 안고 있음을 시인하는 것입니다.

매일, 깊이, 주 예수를 더 잘 알고 친밀해지기 위해 배고파하고 갈망해야 할 것입니다.

그래서 나는 우리가 직면한 다섯 가지 문제 중 첫 번째로 이 문제를 상정합니다. 우리는 이 문제를 풀기위해 애써야 할 것입니다. 입술의 고백을 넘어 필사적으로 이 문제를 풀어내십시오! 우리가 자주 거론하는 주제들, 예를 들면 영적인 승리, 장로의 직분, 교회 안에서 여성들의 지위 등과 관련한 주제들처럼 우리는 이 문제 역시 자주 거론해야만 합니다.

이제 말씀드릴 두 번째 주제는 제가 늘 말씀드려왔던 것이기에 여러분에게 낯선 문제는 아닐 거라 생각합니다.

편지2

....

교회개척자 밑으로 돌아가는 일에 전혀 관심 없는
우리의 현실과 저는 마주합니다.

제가 "전혀"라는 용어를 사용할 때 그것은 과장된 표현이 아닙니다. 글자 그대로 "전혀" 관심 없음을 의미합니다. 이 사람 밑으로 돌아가지 않는 한 우리 가정교회 운동의 미래는 이미 결정된 것이나 다름없습니다.

그동안 가정교회는, 지금 우리들의 교회 안에선 발견할 수 없지만 신약성경 안에서는 발견되는 여러 요소들을 강조해왔습니다. 하지만 현실교회가 상실한 가장 중요한 사실 하나만큼은 여전히 언급하지 않고 있습니다. 참으로 애석한 일입니다! 이 주제는 가정교회 지도자들을 공포에 떨게 만듭니다. 제가 관찰한 바로는, 누구도 이 주제를 수면위로 끌어올리려 하지 않는 것 같습니다.

우리는 1세기 스타일의 교회개척자 밑으로 돌아가는 것을 두려워하고 있습니다.

우리가 그를 사모하고 요청하는 것이 왜 그렇게 필요한지 한 가지 이유를 들어보겠습니다.

1세기 스타일의 교회개척자는 하나님께서 이 땅에 교회를 세우신 첫 번째 방식이며 가장 효과적인 유일한 방식이기 때문입니다. 우리는 지금 초대교회 스타일과는 비슷하지도 않은 방식으로 교회를 세우고 있습니다. 그것이 어떤 형태를 취하든 이 모든 방식들은 결국 실패하게 되어있습니다. 교회개척자를 고안해내신 분은 다름 아닌 당신의 주님이셨습니다. 그리고 그분은 우리의 상상을 뛰어넘는 방법으로 이 제도를 운영해오셨습니다.

우리가 자주 거론하는 장로의 직분은 신약성경사(史)에서 이 사람이 차지하는 비중에 비하면 매우 부차적인 요소에 불과합니다.

저는 우리의 현실이 여기에서 너무 멀리 떠나있음을 언급하지 않을 수 없습니다.

우리가 얼마나 기가막힌 일들을 현재 행하고 있는지 말씀드리지 않을 수 없습니다.

우리가 어떤 결과를 낳게 될지 잠시 살펴보겠습니다.

실제로 미국에 세워지는 가정교회들은 "지역에 뿌리를 내린" 사람에 의해 세워지고 있습니다. 이 사람은 그 자체로 수많은 문제를 안고 있습니다. 그렇지만 모임에 속한 사람들은 이에 대해 전혀 걱정하지 않습니다! 그 교회가 자리 잡은 바로 그 지역에서 살고있는 교회개척자! 부디 이 사람을 눈여겨 봐주십시오. 도무지 무엇이 문제인지 모르겠으면 **심리학적으로** 접근해보십시오.

자신이 살고있는 지역에 교회를 세운 사람은 본질상 **보수적**일 수밖에 없습니다. 그 사람이 1세기 형태의 대담한 교회개척자일리가 없습니다. 오히려 안정감을 추구하는 그리스도인들의 표본일 것입니다. 그에겐 집이 있습니다. 아내가 있습니다. 지역학교에 다니는 자녀들이 있습니다. 그 지역에 뿌리를 둔 직업이 있습니다. 그의 사고방식 역시 지역적인 구조에 갇혀 있습니다. 개인적으로 많은 지역적인 일들과 유착되어 있습니다. 그리고 어느 날, 이 많은 지역적인 사항들 중에 **교회**라는 요소 하나가 그의 삶에 **추가**되는 것입니다. 이것이 오늘날 미국에서 가정교회를 세우는 사람들의 전형입니다.

그는 그 지역에 눌러앉은 사람입니다. 앞으로도 계속 그렇게 살 것입니다.

이 사람이 개척한 교회는 이 사람만큼이나 보수적인 지역교회가 될 것입니다. 이 사람 안에 세상을 향한 주님의 비전(세계관)이 없는 것처럼 이 교회 또한 어떤 세계관도 표방하지 못할 것입니다. (만약 가지고 있다 할지라도 그 세계관은 무력할 수밖에 없습니다. 아니라면 그는 1세기의 교회개척자-쉼 없이 옮겨 다니는 대담한 사람-가 되었을 것입니다.)

그가 세운 그 교회는 어쩔 수 없이 그 지역 사람들에게 안정감을 제공하는 데 충실한 지역적인 공간이 될 수밖에 없습니다.

1세기 교회들은 그렇지 않았습니다. 1세기의 교회개척자들은 보수적인 사람들이 아니었습니다. 쉼 없이 지역을 넘나들며 지역을 초월하여 떠도는 순회사역자들이었습니다. 그들이 1세기 교회를 세웠습니다.

최소한 여러 곳에 가정교회를 개척한 그런 사람의 손에 세워지는 모임이 아니라면 그 모임은 1세기 스타일의 교회가 아닌 "기복신앙"으로 모여든 지역모임이 될 것입니다. 자신들만의 "안전지대"를 확보하고 보수적이며 수구적이고 개인경건에 충실한 "기복신앙적인 모임!" 형제여러분. 만약 우리가 이런 수구적이고 근시안적인 교회, 자신들만의 안전지대에서 쉽게 상처받고 예민해지는 그런 교회로 출발한다면 50년 후의 우리 모습이 어떠하겠습니까?

하나님께서 시작하신 이 운동의 진로가 맞이할 운명은, 그리고 교회를 개척한 이 지도자와 이 보수적인 교회가 맞이할 모습은 어떠할까요? 한 그룹의 사람들을 불러 모아 교회를 개척하고 그 교회에 머물러 앉아 지속적으로 얇은 지식을 전달하는 이 사람은 이미 **목사의 사촌**이 되어 있을 것입니다.

50년 후에 이 교회는 가정교회가 아닌 완벽한 목사직의 부활을 보게 될 것입니다. 왜 그럴까요? 이 지역교회를 처음 시작한 사람이 본질상 이미 작금의 목사를 닮아있기 때문입니다. 보수적이고, 지역에 매인, 그리고 사제적인!

이 가정교회 개척자가 사제적이라니요?

만약 의심스럽거든 하나님의 백성들이 이 사람 앞에 보이는 경의어린 자세들을 보십시오. 그는 이미 그들 중의 한 사람이 아니라 그들과는 사뭇 "다른 어떤 사람"으로 그들 안에 존재하고 있습니다. 그 구별이 저를 두렵게 합니다!!

　수십 개의 가정교회를 실례로 이 사실을 점검해보십시오. 모임에 속한 모든 사람들이 모임을 시작한 이 사람에게 경의를 보내고 있을 것입니다. 한 교회가 그 교회를 시작한 사람에게 존경을 보일 필요는 있지만 그것은 교회가 필요로 하는 수 많은 요소들 중 맨 마지막에 해당하는 요소입니다. 기독교 사역자들에게 교회가 보내는 경의는 그나마 참을 만합니다. 하지만 그 사역자가 지역에 속한 사람일 때, 그리고 지속적으로 그 지역모임의 책임자로 있으며 존경을 받을 때 (그는 반드시 그럴 것입니다.) 그것은 영락없는 평신도-사제 관계의 축소판입니다. 형제 여러분. 이 독소가 언젠가는 우리 모두를 죽이는 질병이 될 것입니다!!

　이를 벗어나기 위해 우리가 할 수 있는 일이 있습니다. 가정교회 운동은 필사적으로 **교회개척자**가 돌아올 자리를 마련해야 합니다. 모든 관습을 벗어나, 우리의 안전지대를 흔드는, 그리고 절반은 정신 나간 교회개척자!

　이 사람의 출현이 두렵습니까? 그는 여러분의 안전지대를 위협하는 사람입니다. 여러분의 모든 안전지대를! 그러기에 그 사람에 대한 여러분의 두려움을 이해할만 합니다. 그럼에도 그 사람이야말로 1세기의 교회들을 가능케 했던 인물입니다. 이 사람을 불러오는 것보다 더 나은 어떤 일을 우리는 할 수 없습니다. 형제여러분. 이 정신 나간 사람이야말로 우리가 두려워 할 존재가 아니라 절실히 사모해야할 사람입니다. 그가 우리의 희망입니다.

최소한, 우리들 중의 몇 사람이 교회개척자의 존재를 거론하는 단계까지는 나아가야 합니다.

(장로직에 대해 100번 언급할 때 한 번 정도라도.)

다시 말씀드리지만, 장로라는 직분은 1세기 스타일의 교회개척자에 대해 태생적인 거부감을 가지고 있습니다. 그는 우리의 침묵을 요구할 것입니다. 우리는 가정교회 운동이 보수적인 사람들의 안식처나 무사 안일한 쉼터가 되는 것은 아닐까라는 긴장감을 견지해야 합니다. 그러나 우리가 장로직에 마음을 쏟는 만큼 이 긴장감은 소멸되는 결과를 낳습니다. 교회개척자에 대한 경시와 장로직에 대한 과도한 집착을 경계할 이유가 여기 있는 것입니다!

우리는 마치 장로직이 교회사 초기 100년의 산물인 것처럼 말하고 있지만 신약성경에서 장로의 직분은 거의 언급되지 않습니다. (언급되는 대부분의 경우도 그 의미하는 바가 분명치 않습니다.) 이런 몇몇 언급들이 장로에 대한 우리의 새로운 조명과 풍부한 해석을 가로막을 수 없습니다. 반면 교회개척자는 사도행전 1장에서 시작하여 신약성경의 각 장, 각 단락에 등장하고 있습니다. 그럼에도 우리는 이 사람들을 발견하지 못합니다. 분명히 우리는 이 사람들을 주목하지 않고 있습니다. 이 사람들이 최소한 장로들만큼이라도 관심을 받는 날이 올까요?

형제여러분. 여러분에게 간청합니다. 여러분의 마음과 의식 속에 이 사람을 위한 자리를 준비해 주십시오. 1세기 스타일의 교회개척자 없이 우리는 어떤 의미 있는 지점으로도 나아갈 수 없습니다. 그렇게 되면 우리는 교회 빌딩에서의 모임을 가정집 거실로 옮긴 것과 거기에 사소한 변화를 더하거나 뺀 것 외에 다른 아무런 의미도 우리의 노력에 부여할 수 없습니다. 그것이 진정 우리가 애써 얻으려는 가치일까요?

* * *

이제 우리는 세 번째 항목으로 나아가고 있습니다. 이 주제는 참으로 말씀드리기가 쉽지 않습니다. 이 주제에 대해 집중하는 것 자체로 정신이 혼미해지고 사고구조가 흔들릴지도 모릅니다.

말씀드리지만, 이것은 완전히 새로운 착상입니다. 적어도 지난 1700년 동안을 두고 보면 그렇습니다.

제 서재엔 헤이(A. R. Hay)라는 사람이 쓴 아주 오래된 책 한 권이 있습니다. 이 책은 우리가 신약성경으로 돌아가는 주제를 다루고 있습니다. (20세기 초반에 나온 책입니다.) 이 책에서 다루는 내용 외에 신약성경으로 돌아가는 일과 관련하여 오늘날 우리가 덧붙일 만한 내용은 별로 없을 정도입니다! 한편, 헤이는 이 "신약성경적인 교회"를 남미 전역에서 실행에 옮겼는데 그렇게 할 수 있었던 원동력은 자신들이 진짜 신약성경에 나오는 교회들의 덕목을 실천하고 있다는 믿음에서였습니다. 그러나 시작하는 첫날부터 그것은 완전히 죽은 것에서 동력을 공급받는 것이나 마찬가지였습니다. 그럼에도 **그들은 신약성경에 의존하여 그 일들을 했습니다.** 그리고 당시 헤이가 말했던 그것들을 지금 우리 가정교회가 운동의 핵심으로 삼는 것은 아닌가라는 두려움이 제게 있습니다. 우리 역시 신약성경에 근거하여 어떤 덕목들을 실천하려 애쓰고 있기 때문입니다.

신약성경에 근거한 가정집 거실에서의 모임, 신약성경에 근거한 여성들의 지위, 장로직, 권위와 순종, 모임의 운영방식, 오중은사 등…

그러나 헤이의 책을 흔들어 보십시오. 그리고 우리가 속한 이 가정교회 운동이 실천하려는 덕목들을 흔들어 보십시오. 그 속에서 예수 그리스도의 이름은 절대 흘러나오지 않습니다. (우리가 전하는 말씀, 우리가 듣게 되는 말씀을 때때로 살펴보십시오! 그것들은 그리스도를 말하고 있지 않습니다.) 그런데도 우리의 근거는 신약성경입니다. 우리는 그 책에 의해 그 일들을 하고 있습니다. 신약성경에 나오는 어떤 덕목들을 실천하려는 의욕이 현재 우리의 동력입니다.

형제여러분. 지금 제 눈에 들어오고 제 귀에 들려오는 것들은 결코 헤이가 말했던 것이나 그가 행했던 것들보다 나을 것이 없는 것들입니다. 우리가 하는 일들은 실제로 지적인 토론에 치중되어 있습니다. 논리를 근간으로 한 이론들과 사변적인 언사들. 기껏해야 헤이가 했던 일들을 답습하고 있는 것입니다.

헤이보다 100년 앞서 다비(John Darby)라는 학자가 있었습니다. 이 사람도 지금 우리가 말하는 모든 것을 언급했습니다. 다만 우리가 그보다 나은 것은 한 수 위의 학문성과 지성, 그리고 좀 더 풍성해진 어휘들뿐입니다. 현재 우리 가정교회 운동은 1세기교회가 실제 행했다고 여겨지는 덕목들을 지적으로 재발견하는 방향으로 흐르고 있습니다. 그러나 신약성경에 대한 통찰력이 우리가 얻어야 할 전부라면 그것은 진정 우리가 취할 가치가 아닙니다. "신약성경적 덕목이라고 여겨지는 조항들을 찾아내는 것" 외에 우리가 지금 하는 일들은 사실 별로 없습니다. 이런 현실이 세 번째 주제로 우리를 인도하고 있습니다.

편지3

....

우리는 교회의 유기적 본성에 대해 계시받기보다,
배워나갈 필요가 있습니다.

이 문제의 척도는 "**교회를 비워주는 것**"에 달려 있습니다. 교회의 유기적인 본성은 지적으로 깨달을 수 있는 대상이 아닙니다. 그것은 전혀 다른 각도에서 조명되어야 합니다.

저는 다만 한 가지 기준에 초점을 두고 말씀드리겠습니다.

교회를 세우고 나서 그 **교회를 떠나는 것**에 대해 고민하는 사람을 저는 본 적이 없습니다. 매우 오랜 시간 자신이 개척한 교회를 떠나 있는 것! 그런데 대체 왜?

유기적인 교회가 출현하기 위해서 반드시 필요한 조치이기 때문입니다. 교회생활의 실제를 인위적인 방식이 아닌 영적인 방법으로 발견하기 위해선 그 교회가 그의 주님께 고백할 유기적인 표현들을 스스로 경험하는 과정이 필요합니다.

교회의 **유기성과 교회개척자가 교회를 떠나는 것**은 함께 역사하는 요소입니다. 이 둘은 불가분의 관계입니다.

그러나 우리는 그렇게 하지 않습니다. 어느 누구도 이것을 행하지 않습니다! 결과적으로 우리는 많은 흥미로운 것들을 상실하고 있습니다!

이 제안이 우리를 두렵게 합니까? "유아기에 있는 교회를 떠나다니요!" 어느 목사도 이런 일을 꾀하지 않습니다! 누구도 이런 일을 시도하려 하지 않습니다. 본의 아니게 그럴 수밖에 없는 경우야 있겠지만 의도적으로 시도하는 사람은 없습니다. 이 아이디어는 어떤 사람의 컴퓨터자료 안에 있는 것이 아닙니다. 유기적인 교회를 열렬히 사모하는 **감정**에서 비롯되는 것도 아닙니다. 이것은 "책을 뒤적여 유기적 교회를 세울 것인가", 아니면 "자신이 유기적인 교회가 될 것인가"의 문제입니다. 우리가 놓치고 있는 것은 1세기의 교회들이 "성경구절을 찾아내 시도해봄"으로 세워졌던 교회들이 아니었다는 사실입니다. 그들 자신이 **유기적인** 교회가 **되었습니다.**

하나님의 백성들이 긴 여정을 통해 그것을 발견하도록 그들을 홀로 내버려 두어야 합니다. 그들을 홀로 두는 것에 대한 우리의 두려움이야말로 하나님의 백성들에게 영적인 경험을 부여하는 일에 우리가 얼마나 무능하고 함량미달인지를 드러내는 반증입니다. 이에 대한 계시가 우리 안에 결핍된 것은 말할 것도 없습니다. 짧은 기간 동안 형제자매들과 함께 지낸 후 그곳을 떠나는 결단은 최상의 선택이며 우리가 취할 수 있는 **최선의 영적조치**입니다. 목사인 우리들이 이보다 더 나은 어떤 조치를 취할 수는 없을 것입니다. 이것이야말로 우리에게 **리트머스 시험지**가 될 것입니다.

이 엄밀한 신약성경적인 기준(신약성경적인 마인드)을 꺼리는 까닭은 우리가 지적으로만 교회를 해석해왔고 그녀-교회-에 대한 계시가 결핍되어 있었음을 보여줍니다.

태어난 지 얼마 안 된 교회를 분연히 떠나는 교회개척자의 모습이 우리에겐 쉽게 그려지지 않습니다. 그만큼 우리의 사고구조가 사제중심적임을 반영하는 것입니다. 그것은 또한 장차 도래할 교회에 대한 우리의 편협한 비전을 보여주는 것인지도 모릅니다. 회복되어야 할 "평신도"중심의 교회보다는 "나" 중심의 사고구조를 반영하고 있기 때문입니다. 우리는 성직자와 작별하여 홀로 살아남는 사람들-평신도-을 상상조차 못하고 있습니다.

평신도로만 꾸려지는 **교회생활을** 그들이 **발견할** 수 있도록 우리가 그들에게 얼마간의 시간을 부여해주면 어떻겠습니까?

이 성경적인 모범을 그들이 선택할 수 있도록 (그들이 원할 경우) 평신도들의 테이블위에 이 메뉴를 올려놓기는 해야 하지 않겠습니까? 그것을 포기하는 것은 한 마디로 우리가 그들을 신뢰하지 않는다는 사실을 보여줍니다. 그런 고도의 위험에 그들을 내놓을 준비가 우리에게 되어있지 않음을 우리 스스로-무의식적으로- 알고 있는 것입니다.

이런 방안이 존재한다는 사실을, 그리고 그것을 선택할 기회가 하나님백성 자신들에게 주어졌음을 최소한 그들이 알고는 있어야 하지 않겠습니까? 그들에게 이 사실을 말씀해 주십시오.

부디 이 주제를 중요한 모임에서 거론해 주십시오! 바울이 교회를 세울 때 마다, 그리고 그 교회가 아직 장로를 세우기도 전에, 매번 그 교회를 떠났다는 사실을 말씀해 주십시오. 이 일에 자원하는 하나님의 백성이 나올 때까지 그들에게 이 사실을 주지시켜 주십시오! 이 일을 실행에 옮기기 위해 필요한 것은 오직 이 방안을 담대히 따르고자 하는 교회개척자와 이 사실을 믿을 만큼 충분히 어리석은 평신도 자원자들뿐입니다!

감히 형제들에게 말씀드립니다.

유기적 교회생활은 하나님의 백성들 스스로 **발견**하는 것입니다. 오직 그들 자신들만이 이 일의 적임자입니다. 누가 누구에게 가르치거나 **적용**해볼 수 있는 프로그램이 아닙니다. 우리는 그것을 할 수 없습니다. 진정한 교회생활은 교회생활을 하는 **평신도들이 스스로 발견해내는** 것입니다. 그들의 스타일로 **그들이** 새겨 넣는 유기적 교회! 그것은 우리 목사들의 것이 아닙니다! 그것은 **발견**되는 것입니다. 아니라면 그 교회는 유기적인 **교회가 아닙니다.** 형제여러분. 다시 말씀드리지만 교회의 유기성은 **목사들의** 스타일을 따라 형성되지 않습니다. 우리 목사들의 자국이 남지 않습니다. 유기적인 교회는 우리 사역자들의 손으로 **세워낼 수 있는 대상이 아닙니다.** 오직 하나님의 백성들, **그들만이** 할 수 있습니다. 우리는 이런 경이로운 일들이 일어날 환경을 준비할 자들로 부름받았습니다.

가정교회운동에 속한 우리들은 모임 가운데서 평신도들이 서로 기능할 기회를 주고 있습니다. ("기회를 주는 것"에 강조점을 두어야 합니다. 우리에겐 여전히 "허용해주려는 경향"이 있습니다. 완전히 그들을 놓아주지 못하는 것입니다.) 모임 속에서 평신도들이 서로 기능하는 것을 보는 것은 신선한 일입니다. 하지만 이것이 우리가 그들에게 베풀 마지막 관대함일까요? 만약 그렇다면 우리는 여전히 성직자 중심의 운동을 전개하는 셈입니다!!

다른 말로 하면, 우리는 평신도들에게 약간의 관용을 베풀 뿐 그들이 교회의 전권을 갖도록 우리 자신을 비워내지는 못하고 있는 것입니다. 평신도들이 전권을 가진 교회를 보고야 말겠다는 열정에 사로잡히지 않는 한 우리의 현재 노력들은 그저 사소한 공헌에 그치고 말 것입니다.

교회를 교회 자체에 내주는 일 없이, 그리고 유기적 교회에 대한 열정 없이, 아울러 교회의 전권을 하나님백성들의 손에 넘기지 않는 한 우리는 또 하나의 성직자 중심의 운동을 펼치고 있을 뿐입니다.

평범한 성도들의 손에 교회의 전권이 위임되는 유일한 방법은 그 평범한 성도들이 그들 스스로 찾아낸 그 교회의 생명을 자신들이 소유하는 것입니다. 그곳에 상주하는 어떤 사역자도 없이. 그리고 임명된 어떤 지도자도 없이. 전혀 없이!

그러한 경이로운 일들을 그들이 함께 겪으며 바로 그 경험이 그들 안에 뿌리를 내렸을 때, 누구도 그들로부터 그 교회를 **빼앗지** 못할 것입니다.

다시는 교회의 권한이 사역자들의 손에, 아니면 교회개척자나 목사 비슷한 직함을 가진 사람들에게, 심지어 장로들의 손에 넘어가는 일은 없게 될 것입니다!

개척자가 교회를 비워주는 것과 교회의 유기성에 대한 재발견 없이 전개되는 우리의 노력은 결국엔 장로들의 손에 교회의 권한이 위임될 또 하나의 교회운동을 펼치는 것과 다름없습니다. 아니면 **사역자**들과 장로들, 이 두 부류의 손에 넘어갈 교회 운동!

장로라는 직분은 교회의 상부기관에서 내려 보낼 수 있는 어떤 직분이 아닙니다. 교회의 전권이 **이미** 하나님백성들 전체의 손에 위임되어 그 유기적인 기능이 뿌리를 내렸을 때 에클레시아의 몸에서 자연스럽게 흘러나오는 직분입니다. 오직 그때에만 가능한 직분입니다. 절대 그 **이전**엔 존재하지 않던 직분이었습니다.

현재 가정교회 운동의 양상을 보면 여전히 너무나도 계급적입니다. 교회의 실제적인 리더십이 목사들이나 그에 준하는 사람들, 아니면 장로들에게 있음을 부인할 수 없습니다. 하나님께서 우리를 돕고 계십니다. 그런데 우리가 또 다시 그런 운동을 전개해야 되겠습니까?

저와 함께 모이는 사람들 중에는 "나는 이런저런 모임에 속해 있습니다."라고 말하는 사람이 없습니다. 그러나 가정교회 안에서 이와 같은 말들이 실제적으론 오가는 것을 저는 자주 듣게 됩니다. "나는 가정교회에 속해 있습니다." 그것은 "나는 침례교회에 속해 있습니다."라고 말하는 것과 크게 다를 게 없습니다. 만약 "하나님의 백성들"이 교회를 소유하게 된다면 우리가 듣게 될 두 마디의 단어가 있습니다. "나는 이러저러한 단체에 속해 있습니다."라는 고백에서의 "나는"이라는 단어가 "우리"가 될 것이고, 특정 단체의 이름(그것, it)은 에클레시아를 지칭하는 그녀(she)가 될 것입니다.

교회를 일으켜 세운 다음 그 교회를 교회 자체에 맡기고 떠나는 사람이 좀처럼 눈에 띄지 않는 까닭이 있습니다. 어떻게 하나님의 백성들이 그 위기의 순간을 스스로 넘길 수 있을지, 그 영적인 깊이를 제공하는 방식에 우리가 무지하기 때문이 아니겠습니까?

실로 이 부분에서 우리는 극도로 긴장하게 됩니다. 그것은 실로 위험스런 일이 아닐 수 없습니다! 하지만 하나님의 백성들은 그것을 사랑합니다. 그리고 그들에 대한 여러분의 신뢰가 있다면 그들은 여러분을 사랑할 것입니다. 그들로**부터**(from) 흘러나오는 경이로움에 여러분의 심장이 멎을지도 모릅니다.

이 경이로운 일들이 실제 눈 앞에 펼쳐지는 모습을 목격하고자 하는 사람들, 즉 유기적인 과정을 통해 **장차 교회가 될** 사람들을 준비시키고자 하는 교회개척자들이 꼭 알아야 할 사실이 있습니다. 하나님의 백성들을 홀로 두고 떠나기 전에 **그는** 반드시 자신의 주님을 알아야 합니다. 그리고 그가 알고 있는 그 주님을 그분의 백성들에게 어떻게 보여줄지 그 실제적인 방법을 가지고 있어야 합니다.

만약 이 교회개척자가 평신도 신분으로 있을 당시 이 극적인 경험을 했던 사람이라면 그는 홀로 남겨진 에클레시아가 이후 맞이할 끔찍한 위기들로부터 그 자신과 하나님의 백성들을 구할 방안을 자기 안에 가지고 있을 것입니다.

부디 우리가 그런 사람이기를!

만약 그렇지 못하다면?

우리 안에 실제로는 복음이 없다는 사실이 결국 드러날 것입니다. 그것으로 끝이 아닙니다. 절대로 그것으로 끝나지 않습니다. 우리와 하나님의 백성들 양쪽 모두가 치를 대가는 그것으로 충분치 않습니다. 우리는 하나님의 백성들이 이 위기 가운데 침몰하는 것을 두 눈으로 보게 될 것입니다!!

우리가 현재 가지고 있는 복음 안엔 이 위기를 다룰만한 실제적인 방법이 없습니다. 리더 없이 홀로 남겨진 교회가 맞이하게 될 이 긴박한 위기에 있어서만큼은 그것이 분명한 사실입니다. 가정교회를 "사역자 없는 에클레시아"로 옮겨놓을 만한 영적인 수단이나 실용적인 방법이 현재 우리에겐 존재하지 않습니다.

저와 함께 모였던 사람들은 그들 자신이 교회를 소유합니다. 그들 스스로 이 사실을 염두에 두고 있지는 않습니다만 만약 누구에게 이와 관련된 질문을 받는다면 그들은 그 사실을 이미 **인지하고 있을 것입니다!** (에클레시아에 속한 몇몇 사람이 아니라 그들 전체가 그 사실을 잘 알고 있습니다.) 저는 그 사람들 안에서 찬밥신세입니다. 무엇보다, 내가 죽는다 해도 그들은 자신들의 모임을 중단하지 않을 것입니다. 그들 스스로 이 사실을 **알고 있습니다.** 그들의 교회는 지속될 것입니다. 그녀는 그녀 자신의 지속적인 존재를 위해 조금도 저를 의존하지 않습니다. 그녀의 성장 역시도 제게 의존하지 않습니다.

형제여러분. 우리가 "신약성경적인 교회"에 대해 말할 때, 그리고 우리가 세워나갈 교회의 "방향"을 언급하면서 이 교회의 유기적인 패턴을 말하지 않을 수 있을까요?

1세기 교회의 "이야기"(몇 몇 구절을 따로 발췌하는 것이 아니라! :역주)속에 존재하는 **유일한 패턴**이 있다면 그것은 그 각각의 교회들이 모두 유기적이었다는 사실일 것입니다.

이것을 우리 가운데 들여오는 일이 모든 이들을 두렵게 만들지라도 어찌 이를 위해 애쓰지 않을 수 있겠습니까!

가정교회가 **조금의 질적 성장**이라도 이루길 소망하면서 저는 이 운동 안에 몸담고 있습니다. 교회개척자가 하나님의 백성들에게 자신이 떠날 것을 말할 때 그것이 마치 양들과 염소를 한자리에 남겨두고 떠나는 것에 비유할 수 있는 것인지 저는 잘 모르겠습니다. 게다가 교회를 떠날 때에 저는 장로를 남겨두지도 않습니다! 만약 이런 방식을 포기하라고 저에게 요구한다면 저는 차라리 교회 세우는 일을 포기할 것입니다. 왜 그럴까요? 그렇게 할 수가 없기 때문입니다. 유기적인 교회가 아니라면 그것은 교회가 아니기 때문입니다. 이 중요한 요소에 대해 언급하는 것 외에 제가 세웠던 교회에 대한 사견(私見)은 지양하겠습니다.

한 말씀 덧붙이지 않을 수 없습니다. 만약 우리가 이렇게 하지 않는다면 우리는 미국화 된 교회를 열방에 양산할 뿐입니다. 열방에 심겨지는 다양한 주님의 교회 대신에 오직 한 가지 버전의 교회만 목격하게 될 것입니다. 자신이 세운 교회를 떠나는 이 비움의 요소가 충족될 때, 우리는 유기적이고, 고유하고, 그 지역에 토착화된 교회들을 목격할 수 있는 것입니다. 현재 우리는 오직 한 가지 버전의 교회를 마주하고 있을 뿐입니다. 기계로 찍어낸 쿠키처럼 말입니다.

편지4

....

교회개척자가 되기 이전, 먼저 교회생활을
경험하는 것에 관심 두는 이들이 없습니다.

형제여러분, 이 주제는 늘 우리 가운데 논의되던 문제였습니다. 교회를 개척하기에 앞서 먼저 교회생활에 몸담아보는 과정을 우리는 생략하려 합니다.

교회생활을 경험하지 못한 상태로 교회개척자가 되려는 이들의 독특한 변명들을 저는 적잖이 들어왔습니다.

제가 말씀드리는 교회생활이란 히피 촌 뒷골목의 기독교수련원에서 두 주간의 수업을 받는 걸 의미하지 않습니다. 그런데 놀랍게도 우리들 중 많은 이들이 교회개척자가 되기에 **앞서!** 이 두 주간의 경험마저 가진 적이 없습니다.

형제여러분. 저는 최소한 1년 혹은 2년 동안의 실제적인 교회생활을 말씀드리고 있는 것입니다. 저 개인적으로는 이에 6년이란 시간을 보내고 추후 하나님의 백성들을 알기 위한 11번 이상의 체험기간을 가졌습니다! 하나님의 백성들을 알기까지는 긴 시간이 필요했습니다. 그들의 필요, 교회생활에 뿌리를 내리기까지 그들이 겪는 문제들, 그들이 어떻게 위기를 극복하며 어떤 방식으로 교회생활을 구성해 가는지, 그것은 제게 17년의 수습기간을 요구했습니다. 형제여러분. 저는 여러분에게 1년간의 교회생활을 해보라고 권면하고 싶습니다. 단 1년. 다만 실제적인 교회생활, 지도자가 아닌, 그 외에 다른 아무것도 아닌 존재로 보내는 1년간의 실제적인 교회생활!

우리는 순서가 뒤바뀌어 버린 신약성경 문서들을 원래의 순서대로 읽는 일과 신약성경에 나오는 교회들의 모범, 그리고 1세기 교회들의 스타일에 대해 그동안 역설해왔습니다. 이 편지에서 저는 한 가지를 꼭 말씀드리고 싶습니다. 신약성경으로 돌아가면 순회 교회개척자(itinerant church planter)가 존재합니다. 1세기 교회의 모델을 말하면서 우리가 그들을 언급하지 않을 수 있습니까? 그들은 자신들이 개척한 교회를 떠났습니다. 하나님 백성들의 손에 그 교회를 맡기고 분연히! 장로가 세워지기도 전에 말입니다! 우리가 1세기 교회의 모범을 말하면서 이 사실을 언급하지 않을 수 있습니까? 예수 그리스도의 말씀은 장차 세워질 교회와 교회개척자가 될 제자들에게 자이로스코프(관성의 성질을 이용해서 배 또는 항공기 등의 평형유지와 방향결정에 쓰이는 회전체. 역주.)가 되었고 계시가 되었으며 경험이 되었습니다. 우리가 장로직이나 여성의 권리에 대해 다루는 횟수만큼은 이 사실을 다뤄야 하지 않겠습니까? 신약성경의 모든 교회개척자들은 교회를 개척하기 이전에 교회생활에 몸담은 경험이 있었습니다. 우리가 따를 신약성경의 모범 안에 이 사실 역시도 포함해야 되지 않겠습니까? 이와 관련된 고민들을 듣게 된다면 나는 기쁨으로 쓰러져도 원하는 바입니다.

* * *

이제 다섯 번째 항목을 말씀드릴 차례입니다. 우리가 이 주제를 다룰 때에 그 중요성을 간과하지 않도록 미리 드릴 말씀이 있습니다.

초대교회 안에서 하나님의 백성들에겐 영적인 깊은 만남이 있었습니다. 예수 그리스도와의 영적인 만남! 그리고 예수 그리스도를 중심에 둔 형제자매들과의 풍성한 영적 조우! 그들의 모임을 역동적으로 만든 원동력은 바로 이 영적인 만남이었습니다. 그들의 모임은 일상에서 겪는 그리스도와의 만남을 서로에게 쏟아놓는 자리였습니다. 우리가 이 사실을 언급하지 않을 수 있겠습니까?

제가 참여하는 모임에서 한 형제가 이렇게 말하는 것을 들었습니다. "우리는 주님의 명령을 거스를 수 없습니다. 우리가 모일 때 찬송과 찬양, 기도와 말씀이 빠지면 안 됩니다. 이것은 주님의 **계명**입니다."

그 형제의 제안에 저는 다음 두 가지의 반응을 보이고 싶습니다. 하나는, 그렇게 계명을 준수해야 하는 모임은 지루하고, 가련하고, 비극적인 모임입니다. 둘째, 베드로와 바울은 이렇게 말하곤 했습니다. "평생토록 계명에 순종하려 애썼지만 우리는 그것에 실패했습니다. 그런데 지금 우리가 하지 못한 그 일을 어떻게 이방인들에게 강제하려 합니까?" 하나님의 백성들은 율법을 준수할 수 없습니다. 비록 그렇게 하도록 명령받았다 할지라도 말입니다. 하나님의 백성들을 어떤 율법 밑으로 밀어 넣으려 한다면 여러분 역시 엄청난 죄책감과 동일한 율법의 기준 밑으로 돌아가야 합니다. 거기는 우리 중 어떤 사람에게도 적합지 않은 장소입니다. 그러나 반대로, 율법을 준수하도록 강제당하던 그 사람들이 그리스도와의 직접적인 만남으로 초대되어 그분과 조우하고 그분에게 사로잡히게 된다면 여러분은 모임 가운데서 그들의 입을 다물게 할 수 없을 것입니다. 자신들에게 생긴 일을 말하고 싶어 그들은 모임으로 달려올 것입니다.

우리가 하나님의 백성들에게 어떤 일을 강제할 때 하나님은 우리를 민망히 여기십니다.

식물의 입장에서 열매를 본다면 넘쳐나는 자기 생명력을 엉뚱한 곳에 낭비하지 않으려는 필사적인 노력으로 비유할 수 있을 것입니다.

(또 다른 모임에서 들었던, 아직도 귀에 쟁쟁한 한 형제의 말씀을 인용하지 않을 수 없습니다. "우리는 …한 교회를 창조해내야 합니다….")

우리가 교회를 창조해내다니요? 이것은 프랑켄슈타인(소설 속의 인물. 빅토르라는 신비학도가 시체조각을 조합하여 생명을 불어넣지만 결국 그 괴물에 의하여 목숨을 잃게 됨. 신약성경 전체를 한 편의 이야기(story)로 보는 것이 아니라 몇몇 성경구절에서 발췌한 관행(으로 여겨지는!)을 자신들의 필요에 따라 고집하는 다비(Darby)와 헤이(Hay)의 추종자들을 비유하는 표현. 역주)을 기절시킬만한 일입니다. 우리가 "창조"하려는 가정교회도 여기에 속하지 않을까요?!)

1세기 교회의 사람들은 예수 그리스도에 대한 계시를 가지고 있었습니다. 교회는 살아있는 생명체, 한 소녀였습니다. 그들에겐 교회개척자가 있었습니다. 그리고 그들은 그 교회개척자를 떠나보냈습니다. 교회개척자들은 **모두** 교회를 개척하기 **전에** 이미 교회생활을 경험한 사람들이었습니다.(아! 예외가 있겠군요. 아볼로! 하지만 그가 우리의 모범일까요?)(브리스길라 부부가 바울의 3차 교회개척을 준비하기 위해 먼저 에베소에 머물 때 아볼로가 그곳에 도착해 헬라식 웅변기법으로 회당사람들에게 구약성경을 풀어줌. 그러나 그가 개인적으로 예수 그리스도를 만나지 못했음을 간파하고 브리스길라가 자신의 집으로 불러 그에게 그리스도를 전한 다음 고린도교회로 가서 "교회생활"을 경험해보라고 권면함. 그럼에도 아볼로는 교회생활을 경험하지 못한 채 설교자 생활을 계속했고 결국 고린도교회 안에 그를 따르는 계파가 형성되어 교회가 분열 직전에 이르게 됨. 역주.) 그리고 1세기교회 안에는 영적인 깊이, 즉 그들 모두의 삶 안에 실제적인 영적 조우가 있었습니다!! 우리가 이런 요소들을 회복하기 위해, 그리고 우리가 회복하려는 교회의 모범 안에 바로 이런 요소들을 담아내기 위해 마음을 기울이고 목소리를 높여야 하지 않겠습니까? 우리가 그렇게 한다면 실로 우리는 새로운 운동을 펼치게 될 것이며 진정한 공헌을 하게 될 것입니다. 그러나 그렇지 못하면 우리는 그저 다비(Darby)와 헤이(Hay)의 뒤를 이을 뿐입니다. 이 사실을 분명히 하면서 이제 가장 중요한 다섯 번째 주제로 넘어가려 합니다.

편지5

·················

예수 그리스도께서 어떻게 사역하셨는지
우리는 실제로 너무 모르고 있습니다.

우리가 무엇을 하려는 것인지조차 우리 스스로가 알고 있는지 저는 의문입니다. 며칠 전 한 젊은이의 요청을 받고 그를 만났을 때 나는 분노를 넘어 정말 마음이 아팠습니다. 그는 한 지역에 교회를 세운 후 그곳에 머무르며 목회를 하는 것이 성경적으로 무슨 문제가 있는지를 내게 따졌습니다. 그가 "**신약성경적인 교회**"를 내게 주장할 때 나는 마치 다비(Darby)와 헤이(Hay)를 마주하고 있는 느낌이었습니다.

여기 제가 그에게 확인한 핵심적인 질문 하나가 있습니다. "형제께선 처음에 하나님의 백성들에게 무엇을 가르치실 생각입니까?"

그는 조금의 망설임도 없이 제게 대답했습니다. "우선 세상을 포기하는 법부터 가르칠 것입니다. 그들의 타락한 본성에 대해 말해줄 것이며 하나님 앞에 깨어진 마음으로 설 필요가 있다는 사실도 가르치겠습니다. 또 그들이 자아를 죽여야 살 수 있다는 것도 말해줄 것입니다."

(안타깝게도! 이 청년은 장로직과 오중은사를 **빼**먹었습니다!!)

그의 반응은 불행하게도 우리 중 많은 이들이 오늘날 하나님의 백성들에게 가르치는 것들과 크게 다르지 않습니다. (가정교회운동에 속한 우리 중 대부분이 교회를 시작하는 단계에서, 신약성경의 교회들이 했던 것이라고 여겨지는 사항들을 가르칩니다. "**신약성경적**이라고 우리 자신이 정해놓은 패턴"에 교회의 운영을 맞추는 것입니다.) 우리가 꼭 자아포기와 같은 무거운 주제로 시작하지는 않는다 할지라도 우리가 쏟아내는 가르침은 예외 없이 "**그것(it)**"으로 분류되는 어떤 것입니다.

형제여러분. 우리의 메시지는 결코 "그것"이 될 수 없습니다. 우리의 메시지는 "그분"입니다. 교회의 유일한 기초가 있다면 그리고 우리가 분명히 해야 할 단 하나의 메시지가 있다면 그것은 자신이 지금 전하는 그분과 자신의 실제적인 만남에서 흘러나오는 계시여야 합니다. 그 계시에서 흘러나오지 않는 메시지는 무미건조한 이론일 뿐입니다.

말씀을 전하는 사람은, 주님 예수 그리스도에 대한 부요하고 놀라운 계시, 사람들의 기반을 흔들며 그들을 전율케 하는, 그리고 그들의 영혼을 깨우는 자신의 계시를 소유해야 합니다. 그런 사람은 도무지 그것(it)을 가르칠 수 없을 것입니다. 그는 그리스도(him)를 가르칠 것입니다. 그리스도와 함께 살 것입니다. 그리스도에게 압도되어 지낼 것입니다. 그리스도와 관련된 주제로부터 그 사람의 화제를 돌리기 위해선 우리가 애를 먹어야 할 것입니다. 이 사람이 전하는 놀라운 그리스도를 듣는 사람들은 그들에게, 그리고 그들 안에서 일어나는 어떤 일을 경험하게 될 것입니다. 대부분의 사역자들은 지금 하나님 백성들 가운데 이 일을 결코 해낼 수 없습니다.

하나님의 백성들에게 깊은 영향을 주는 것은 결국 그리스도에 대해 듣는 것 …그리고 …"보는 것"입니다! 그것은 **다른 어떤 것으로**도 할 수 없는 방식입니다.

그들은 그들에게 선포된 "**그분**"을 들으며 슬그머니 기분이 좋아질 것이고 흥분할 것이고 행복에 겨워할 것이며 환호하게 될 것입니다. 그들은 그들의 주님에게서 흘러나오는 영광에 소스라쳐 놀랄 것이고 충격을 받으며 어안이 벙벙해질 것입니다. 오직 그것만이 그들이 교회생활을 하는데 필요한 토양이 됩니다.

그렇게 그리스도를 계시한 다음 우리는 무엇을 해야 할까요? 그 다음 하나님의 백성들에게 들려줄 말은 무엇인가요? 그것은 하나님의 사람들이 이 놀라운 주님을 개인적으로, 그리고 친밀하게 알아가는 방법입니다. 그다음엔? 예수 그리스도를 더 많이 알아가는 것. 그런 다음엔? 그보다 더 많이, 그렇게 계속…

형제여러분. 저는 우리 안에 이와 같은 요소들이 역동하는 느낌조차 받지 못합니다. 가정교회운동은 그리스도 그분(him)에 대해 거의 말하지 않습니다. 언급하는 경우는 있습니다. 거론하는 경우도 있습니다. 하지만 그분을 계시하는 경우는?! 저는 본 적이 없습니다. 한 번도. 형제여러분. 가정교회운동은 큰 문제에 봉착해 있습니다. 예수 그리스도에 대한 계시가 우리 가운데 없는 것이 그 단순한 이유입니다.

다시 말씀드리지만, 제가 노심초사하는 까닭은 그리스도에 대한 집중력이 우리 안에 부족해서가 아닙니다. 그리스도에 대한 **관심**마저 부족해서입니다. 나는 어디서나 "**일들(it)**"에 대해 심도깊은 논의가 이뤄지는 현장을 만납니다. 바로 **그 점**이 우리의 심각한 결점입니다. 우리가 전하는 말씀이 "그것"이 되어야 하겠습니까, 아니면 "그분"이 되어야 하겠습니까?

제 서고에는 지난 수년간 제가 전했던 말씀들을 모아둔 테이프와 영상자료들이 보관되어 있습니다. 실제로 거기에 담긴 모든 메시지들의 주제는 주님 예수 그리스도입니다. 그럼에도 그것들 중 **어떤 것도 주님의 지상 생애를 언급하지 않습니다.** 구약성경에 대한 연구도 아닙니다. 계시록을 풀어내지도 않습니다. 과장된 종말론의 천년왕국도 다루지 않습니다. 전혀 신학적인 것들이 아닙니다. 성경공부에 필요한 자료들도 아닙니다. 이것들은 "예수 그리스도께서 …했기 때문에 여러분 역시 …해야 합니다"와 같은 그리스도인의 삶에 적용할 메시지도 아닙니다. 순종을 강요하는 메시지는 그 안에 들어있지 않습니다. 장로직에 대한 단 한 차례의 언급도 없습니다. 교회의 질서에 대한 언급도 **전혀** 없습니다. 은사들에 대한 언급도 없습니다. 여성들의 권리도 말하지 않습니다. 세상에 대한 우리 그리스도인들의 사회적 책임도 말하지 않습니다. 왜요? 이런 주제들을 다루는 것은 어떤 면에서 전혀 필요치 않기 때문입니다!

이 말씀들은 지금 여기 현존하시는, 부활하신, 높이 들리신, 승리하신, 그리고 내주하시는 주님을 선포하는 메시지들입니다! 그것이 대부분입니다. 그 외 이 테이프들이 담고 있는 나머지 내용은 형제자매들이 이 놀라우신 주님을 어떻게 만지며, 어떻게 경험하며, 어떻게 사랑하며, 어떻게 사랑받으며, 어떻게 알아갈지에 집중되어 있습니다. (여전히 한 지점에 초점이 있음을 보십시오.)

주님을 알아가는 방식과 우리가 만난 그 **주님**을 선포하는 것이 우리에겐 너무나 절실합니다.

형제여러분. 우리가 "주님 예수 그리스도에게 집중하는 역사상 유일한 운동"이 될 수는 없겠습니까? (여러분도 알다시피, 그런 운동은 지금까지 없었습니다.)

* * *

오순절 운동은 그 운동 안에서 일어나는 환상, 부르짖음, 놀라운 기적들, 그리고 황홀경을 경험한 수 많은 사례들로 특징지어집니다. 기독교세계는 그들이 소유한 꿈같은 세계와 황홀경에 미소 지었습니다. 하지만 그 운동의 신령한 요소들이 촉발된 지점은 그들 각자가 동경하는 디즈니랜드의 어느 동산 아래였습니다. 신령한 대상과의

미세한 접촉이 그들을 자극하는 "첫 동기"로 작용하였습니다.

한편 우리 침례교는, 구원의 초기단계에서 신자들 안에 주어지는 어떤 체험을 무기삼아 미국 대륙을 휩쓸었습니다. 우리는 구원받는 순간의 회심을 너무 강조한 나머지 그것을 하나님보다 더 중요한 자리에 놓았습니다. 우리 개인의 구원을, 이 세상의 모든 문제를 바꾸고, 풀고, 해결하는, 동화나라의 열쇠로 여겼습니다. 신자들이 구원받는 순간에 찾아오는 그 체험을 마치 요술방망이처럼 생각했던 것입니다. 구원의 순간에 신자들에게 찾아오는 그 마음의 변화가 침례교 운동을 견인하는 동력이었습니다. 그리고 미국 남부를 덮었던 그 과장된 요소는 **아직도 영향력을 행사**하고 있습니다!

오순절 운동은 신령한 찬양을 소유했습니다. 침례교는 회심을 강조하며 그것을 모든 문제의 해답으로 삼았습니다.

그렇다면 **우리**는 무엇을 가지고 나아가야 하겠습니까? 신약성경교회들에 대한 새로운 해석? 성 평등에 관한 연구? 장로직의 재발견? 아니 무엇보다 교회의 장의자 대신 가정집 거실로 모임을 옮긴 것에 대한 자긍심? 모임 전에 제공되는 쿠키와 그 뒤에 주어지는 SYI 교제? (도슨 트로트맨(Dawson Trotman)이 만든 신조어: Share Your Ignorance의 약자)

신령한 요소들에 탐구, '다른 영역'에 대한 관심, 색다른 복음에 대한 자긍심 …이 모든 것들을 "주님, 그 분을 앙망" 하는 것으로 전환할 수 없겠습니까? 영적인 지도자로 알려지는 것보다, 아니 주님 예수 그리스도를 특별한 방식으로 접촉하고 있는 것처럼 말하는 사람들보다 더 나은 어떤 것을 우리는 할 수 있지 않을까요?

다시 한번 말씀드리지만 우리는 단순히 주님을 "앙망해오지 않았던 것"이 아닙니다. 주님을 앙망하는 것에 대한 "언급"조차 없었습니다. 지금까지 우리는 그 주제에 대한 관심을 보이지도 않았습니다. 초기단계에서 우리가 좀 부족한 사람들로 여겨지면 안 되겠습니까?

* * *

우리에겐 교회개척자가 필요합니다. 예수 그리스도 앞에 사로잡힌 교회개척자가 필요합니다. 예수 그리스도를 알아가는 방법을 이미 알고 있어 그것을 다른 사람들에게 가르쳐줄 수 있는 바로 그 사람! 형제여러분! 하나님의 백성들이 주님 예수 그리스도의 계시에 사로잡힐 때까지 주님을 알고 가르치는 일에 매진할 사람들이 필요합니다. 교회 생활은 바로 그 계시와 경험 가운데 성장하는 것입니다. 그것은 다른 어떤 자원에서도 흘러오지 않습니다.

더불어 하나님의 백성들 손에 전권이 위임된 교회를 보고야 말겠다는 그 소원에 사무친 이들이 필요합니다. 유기적인 교회를 목격할 절박한 필요가 우리 안에 있습니다.

우리가 그런 교회가 되면 안 되겠습니까? 아니 주님 예수 그리스도께서 그녀를 낳도록 우리가 그분과 함께하면 안 되겠습니까? 이것이 저의 간청입니다.

귀한 시간을 내어 마음을 나눠주신 것에 감사를 드립니다.

형제 여러분께 경의를 표하며 편지를 마칩니다. 외람된 모든 말씀에 충심으로 여러분의 양해를 구합니다. 제가 가지고 있는 두려움만큼 희망도 크다는 사실을 말씀드리며 서신을 맺고자 합니다. 형제 여러분에 대한 저의 사랑과 지지를 보내며 여러분의 화답을 기대합니다.

여러분의 형제 된

진으로부터.